Gabri A. Möller

Der kleine Taschenheiler

Geistige Selbstheilung kann jeder!

Die Ratschläge in diesem Buch sind sorgfältig erwogen und geprüft. Sie bieten jedoch keinen Ersatz für eine ärztliche Behandlung, sondern dienen der Begleitung der schulmedizinischen Therapie und der Anregung der Selbstheilungskräfte. Alle Angaben in diesem Buch erfolgen ohne Gewährleistung oder Garantie seitens der Autorin oder des Verlags. Eine Haftung der Autorin oder des Verlags für Personen-, Sach- und Vermögensschäden ist ausgeschlossen.

www.geistige-selbstheilung.de
Cover-Bild: Fotolia

Gabri A. Möller (geb. 1966) hat Germanistik studiert, war einige Jahre lang Zeitungsredakteurin und arbeitet heute als freie Journalistin und Autorin. Sie schreibt für Tageszeitungen und Online-Magazine zu den Themen Familie und Gesundheit, und betreibt einen Blog zum Thema Selbstheilung.

Für Elina und Marius

Inhalt

Ein kurzes Wort davor

Wer krank ist, hat es eilig. Er möchte lieber gestern als morgen eine Besserung erfahren, vor allem, wenn alle Therapien bisher wenig geholfen haben. Viele Ratgeber zum Thema Selbstheilung aber sind sehr umfangreich und haben einen aufwändigen wissenschaftlichen, psychologischen oder auch esoterischen Überbau. Man muss sich in komplizierte Theorien einlesen oder an seltsame Dinge glauben. Oft kommt dabei die entscheidende Botschaft zu kurz: dass das geistige Heilen etwas Einfaches und Schlichtes ist, für das man keine besonderen Kenntnisse benötigt, keinen Kurs belegen und auch nichts von „Quantenheilung“ verstehen muss. Jeder Mensch besitzt die Fähigkeit, seine Selbstheilungskraft zu aktivieren!

Diese Heilung aus geistiger Kraft ist nichts Abgehobenes und auch keine Glaubensfrage, sondern sie ist konkret und real. Inzwischen erforschen auch Wissenschaftler, wie innere Haltungen und Bilder das Immunsystem, das Zusammenwirken bestimmter Botenstoffe und viele andere Körperbereiche beeinflussen. Sie sagen: Es ist gar nicht so unerklärlich, wenn Menschen entgegen ärztlicher Prognosen wieder gesund werden. Viele solcher Patienten hätten ihre eigenen Selbstheilungskräfte dadurch erfolgreich aktiviert, dass sie selbst nachfühlten, was sie heilen könne.

Diesen Ansatz nennen Fachleute "Salutogenese", nach den lateinischen Wörtern „salus“: gesund, und „genesis“: Entstehung. Er fragt also nach den Bedingungen, die eine Heilung jetzt möglich machen können. Dies ist ein bewusster Kontrapunkt zum schulmedizinischen Begriff der „Pathogenese", bei dem es um die Entstehung von Krankheit geht, was rückwärtsgewandt ist. Doch bei einer Erkrankung ist es nicht hilfreich zurückzuschauen, sondern herauszufinden, wie man *jetzt* wieder gesund werden kann. Und genau hierbei möchte ich den Lesern dieses Büchleins helfen. Ich werde dabei immer wieder auch von meinem persönlichen Weg und meinen eigenen Erfahrungen sprechen, die den Anstoß zur Entwicklung meines einfachen, aber sehr effektiven Heilprogramms gaben.

Denn auch wenn die Wissenschaft sich zunehmend für unsere angeborene Fähigkeit der Selbstheilung interessiert – sie hat selbst noch so gut wie keine Konzepte anzubieten, wie diese Kraft konkret angestoßen werden kann. Hier setzt meine Methode an: Sie ist für jeden einfach anzuwenden, und sie funktioniert, wie ich aus eigener Erfahrung weiß. Ich empfehle nichts, was ich nicht selbst erfolgreich ausprobiert habe.

Durch meine eigene Heilung habe ich vor allem Eines gelernt: Der beste Fachmann und die beste Fachfrau für unseren Körper sind wir selbst! Ärzte sind wichtige Assistenten für unsere Gesundheit, aber wir sind es, die unseren Körper am besten kennen. Wir sind es, die das größte Interesse daran haben, dass wir wieder gesund werden. Und wir können am unmittelbarsten und direktesten auf unsere Ressourcen zur Selbstheilung zugreifen.

Meist ahnen wir aber nicht einmal, welch riesiges Potential jeder Mensch hier besitzt. Wir unterschätzen es fast immer sehr, das ging auch mir so. Doch wir können auch bei chronischen oder schwer behandelbaren Krankheiten eine unerwartete Besserung und manchmal sogar vollständige Genesung erreichen. Die Kraft, uns selbst zu heilen, ist immer schon da, sie will lediglich wiederentdeckt und stimuliert werden. Dies ist gar nicht schwer, wenn man weiß, wie's geht.

Ich werde die Prinzipien meines Heilungsprogramms möglichst knapp und leicht verständlich auf den Punkt bringen. Es ist dennoch wichtig, keines der relativ kurz gehaltenen Kapitel auszulassen. Denn Heilung funktioniert nicht allein durch eine bestimmte Technik. Sondern es sind dafür auch heilsame Veränderungen im Alltag sowie bei inneren Einstellungen und bisherigen Reaktionsweisen nötig - sozusagen eine Korrektur des inneren Kompasses.

Deshalb besteht meine Methode aus einem zweifachen Weg: Zum einen wird der Genesung die Basis bereitet, indem kräftezehrende Gewohnheiten oder Einstellungen im Alltag verändert, und neue Energiequellen aufgespürt werden. Zum anderen stelle ich einfache, sehr wirksame Übungen vor, die den „inneren Heiler“ sofort zu aktivieren beginnen.

Zuvor möchte ich noch etwas betonen: Es ist wichtig, bei einer Erkrankung immer auch zum Arzt zu gehen. Fast jede schulmedizinische Behandlung kann aber durch das geistige Heilen begleitet und unterstützt werden. Und manchmal wird sie dann sogar überflüssig, oder kann zumindest reduziert werden.

Der Weg zur Heilung aus geistiger Kraft ist immer ein individueller, und dies ist der Grund, warum viele Schulmediziner sich damit noch schwertun: Gleiche Aktionen haben hier nicht auch gleiche, vorhersagbare Ergebnisse. Wir können das geistige Heilen also nicht standardisieren, wie ein Medikament oder ein anderes Verfahren der konservativen Medizin. Wir sind glücklicherweise nicht angewiesen darauf, dass unser Arzt das Potenzial der Selbstheilung aus geistiger Kraft erkennt, es reicht aus, wenn *wir* wissen, wie's geht.

Der Weg der Selbstheilung macht nicht nur gesünder, sondern fast nebenbei auch glücklicher. Denn er ist nie allein auf ein konkretes Symptom begrenzt, sondern durchdringt fast alle Lebensbereiche. Er löst eine Neubewertung vieler Situationen aus, bewirkt mehr Gelassenheit und weniger Angst im Alltag, und er weckt vor allem das Gefühl für unsere innere Kraft. Zudem stärkt er unsere Intuition dazu, was (oder wer) uns gut tut, und was nicht. Oft erkennen wir erst im Rückblick, wie stark diese Wirkungen auch dort waren, wo wir es gar nicht erwartet hätten. Oder wir bemerken erst nach einiger Zeit, dass wir am Wegesrand ein paar Dinge zurückgelassen haben, die uns vorher lange belasteten.

Selbstheilung und innere Veränderung sind etwas sehr Persönliches. Ich möchte daher in diesem Büchlein die Anrede „Du“ verwenden. So kann ich die Distanz zu dir als Leser etwas verringern und dich auf deinem individuellen Weg besser begleiten.

Teil I
Einführung

Meine eigene Heilung

Der Anstoß zu diesem Buch kam aus meiner eigenen Geschichte. Bevor ich selbst erkrankte, hatte ich mich für das geistige Heilen kaum interessiert. Es fiel für mich irgendwo in die Esoterik-Ecke und war gänzlich außerhalb meiner Wahrnehmung. Es ging mir, wie den meisten Menschen: Erst ein hoher Leidensdruck führte dazu, dass ich aufgeschlossener wurde für andere Denkansätze in Sachen Heilung. Es wurde trotzdem zu einer riesigen Überraschung für mich, über welch immense innere Kraft zur Selbstheilung wir verfügen. Ich verstand erst nach und nach, dass wir diese Kraft wirklich immer und bei jeder Erkrankung nutzen können.

Die Entdeckung meines „inneren Heilers" hat mir im Laufe der Jahre geholfen, mehrere chronische Krankheiten, aber auch viele Alltagszipperlein, wie etwa eine hohe Infektneigung loszuwerden. Für diese Erfolge bin ich unendlich dankbar und möchte deshalb auch anderen Menschen das Wissen um ihre angeborenen Selbstheilungskräfte zurückgeben. Ich stelle dir mein einfaches, wirksames Heilungsprogramm vor, das heute längst selbstverständlicher Teil meines Alltags und daraus nicht mehr wegzudenken ist.

Alles fing an mit einer Neurodermitis, an der ich als Teenager erkrankte. Mit 17 Jahren bekam ich plötzlich kleine, gerötete Hautstellen am Hals, die stark juckten. Mit einer Kortisonsalbe vom Hautarzt bekam ich sie aber noch gut in den Griff. Einige

Jahre später, ich war inzwischen Studentin, triggerte eine Waschmittel-Allergie die Neurodermitis aufs Neue, und sie verschlechterte sich innerhalb kurzer Zeit sehr. Meine Haut war an Armen, Hals, Gesicht und Kniekehlen großflächig gerötet und verdickt. Sie war so schlimm entzündet, dass sich in den Vorlesungen manchmal niemand neben mich setzen wollte aus Angst, ich könnte etwas Ansteckendes haben. Ich sah aus, wie frisch aus einem Lehrbuch für Dermatologen entsprungen. Die Haut juckte und brannte so gemein, dass ich manchmal aus Verzweiflung weinte, obwohl ich normalerweise nicht nahe am Wasser gebaut habe. Auch als ich das allergieauslösende Waschmittel ersetzt hatte, wurde die Haut nicht besser.

Meinem Hautarzt fiel nach diversen Allergietests, einer Ernährungsumstellung sowie Kortison- und anderen Salben nichts Neues mehr ein. Er sagte, Neurodermitis sei eben nicht heilbar und ich müsse lernen, damit zu leben. Aber genau das konnte ich nicht glauben! Ich hatte die ganze Zeit das unbestimmte Gefühl, dass es irgendwo einen Schlüssel zur Heilung gab, und dass ich nur den richtigen Anstoß brauchte, um ihn zu finden. Aber das war lediglich ein vages Bauchgefühl, ich hatte nicht wirklich eine Idee, was mir helfen könnte, war ratlos und verzweifelt.

Irgendwann bekam ich von einer Bekannten die Adresse einer Heilerin. Halbherzig und ohne allzu große Erwartungen ging ich hin. Die Heilerin war eine winzige, bescheidene und leise Frau, die aber eine starke Persönlichkeit besaß. Sie legte ihren Patienten die Hände auf und arbeitete dabei mit einer Technik, die Energieströme ins Fließen bringen sollte. Sie machte aber keinerlei Aufhebens um irgendwelche heilerischen Kräfte, sondern leitete vor allem zur Selbstheilung an. Ihr erklärtes Ziel war es nicht, Patienten längere Zeit an sich zu binden - obwohl sie für ihre Behandlung ein Honorar erhielt. Sondern sie betonte, dass sie sich immer bald überflüssig machen wolle, und sie handelte auch danach. Sie erklärte mir im Verlauf unserer Sitzungen, wie sehr Geist und Körper zusammenwirken und einander beeinflussen, und ließ sich dabei auch von meine Skepsis nicht beirren.

Sie gab mir außerdem einige überraschend treffsichere Denkanstöße zu Lebensthemen, die mich gerade beschäftigten. Sie zeigte mir völlig neue und ziemlich ungewohnte Sichtweisen auf meine Probleme, Ängste und Sorgen, was einige meiner Einstellungen unerwartet stark veränderte. Zusätzlich erklärte sie mir Übungen für zu Hause, unter anderem eine Art Energie-Übung. Zwar bereicherte mich all dies sehr – trotzdem konnte ich mir nicht vorstellen, dass es wirklich auch bei meiner Haut viel bewirken würde. Etwas Hoffnung hatte ich immerhin geschöpft, deshalb machte ich zu Hause konsequent die kleinen Übungen, die sie mir auftrug. Zunächst passierte jedoch nichts weiter. Aber nach 14 Tagen erlebte ich zu meinem Erstaunen eine erste Besserung der Haut, die Rötungen schwollen ab und wurden etwas blasser. Trotzdem blieb ich misstrauisch: Vielleicht war dies ja nur eine normale Schwankung, eine vorübergehende Besserung, die nicht anhalten würde. Doch es ging weiter: Die zuvor rot entzündeten Haut-Areale wurden bräunlich, die Entzündungsaktivität war sichtlich aus ihnen heraus. Und nach insgesamt sechs Wochen war meine Haut komplett und ohne jegliche Spuren abgeheilt, sie sah gesund und glatt aus! Was das für mich bedeutete, kann nur jemand erahnen, der ebenfalls sehr von einer solchen chronischen Erkrankung geplagt ist. Es als Wunder zu bezeichnen, kommt dem damaligen Gefühl schon ziemlich nahe.

Anfangs hatte ich noch Angst, die Besserung könnte vielleicht nicht von Dauer sein. Doch das Ganze ist jetzt weit über 20 Jahre her, und ich bin seither fast völlig beschwerdefrei. Es kommt nur wenige Male im Jahr vor, dass ich eine winzige Hautreizung bemerke. Sogar ein Hautarzt, bei dem ich vor kurzem zur Vorsorge war, wollte mir angesichts meiner völlig gesunden und glatten Haut nicht glauben, dass ich früher einmal Neurodermitis hatte.

Im Laufe der Jahre fand ich es so selbstverständlich, keine Hautprobleme zu haben, dass ich die dramatische und erstaunliche Heilung beinahe vergessen hatte. Ich beschäftigte mich noch immer nicht näher mit dem geistigen Heilen, denn ich hielt die damalige Erfahrung für einzigartig und unwiederholbar. Ich kam gar nicht auf die Idee, sie sei auch auf andere Erkrankungen übertragbar. Selbst als ich jahrelang unter einer großen Infektanfälligkeit litt und mehrmals im Jahr eine Mandelentzündung oder eitrige Bronchitis bekam, hatte ich keine Ahnung, dass ich vielleicht mehr tun könnte, als immer wieder Antibiotika einzunehmen. Vor einigen Jahren entwickelte ich jedoch eine neue, ziemlich belastende chronische Erkrankung, und sie brachte die eigentliche Wende. Es war eine hartnäckige Brustentzündung, die der Arzt auch nach einem dreiviertel Jahr und einem halben Dutzend Antibiotika-Behandlungen nicht in den Griff bekam. Sie war inzwischen chronifiziert, und schließlich wollte der Gynäkologe mich zu einer kleinen Operation in die Klinik schicken. Zugleich sagte er, dass trotz aller Maßnahmen keine Garantie bestünde, dass die Entzündung nicht irgendwann wiederkommen würde.

Erst jetzt fiel mir ein, dass ich schon einmal in meinem Leben eine erstaunliche Erfahrung mit meinen Selbstheilungskräften gemacht hatte. Doch ich war sehr unsicher: Konnte das, was meine Hauterkrankung damals geheilt hatte, auch bei etwas völlig Anderem helfen? Ich war nicht überzeugt, schließlich hatte die jetzige Krankheit überhaupt keine Ähnlichkeit mit der damaligen, sondern betraf einen ganz anderen Bereich. Trotzdem wagte ich es: Ich verschob den Klinik-Termin um knapp zwei Monate nach hinten, wovon mein Arzt nicht allzu begeistert war. Obwohl ich Angst vor meiner eigenen Courage hatte und nicht sicher war, ob dies eine kluge Entscheidung war, ließ ich mich nicht davon abbringen.

Dann begann ich, alles zum Thema geistige Selbstheilung zu lesen, was ich in die Finger bekam.

Ich studierte Erfahrungsberichte, probierte alle möglichen Techniken aus und versuchte, komplexe Heil-Systeme zu verstehen. So manch seltsame Theorie befremdete mich eher, als dass sie mich überzeugte, oder die nicht sehr anwendungsfreundliche Methode wirkte bei mir nicht. Aus anderen Büchern wiederum konnte ich wichtige Anstöße und Anregungen für mich herausziehen. Aber kein Buch brachte konkret auf den Punkt, was ich wirklich brauchte, um rasch eine Besserung herbei zu führen. Ich verstand langsam, dass ich nicht nur lesen, sondern auch meine Intuition befragen musste. Ich suchte einen Weg, der einfach und leicht umzusetzen war, und der trotzdem zugleich in die Tiefe ging. Ich experimentierte, verwarf, was sich in der Praxis nicht richtig anfühlte, und behielt bei, was in mir eine Resonanz auslöste, ein Gefühl der Stimmigkeit also. Irgendwann war es tatsächlich soweit: Ich hatte ein simples, wenig zeitaufwändiges und doch intensives Heilprogramm für mich zusammengestellt.

Dafür, dass ich dieses Programm auch konsequent durchzog, sorgten schon allein der Leidens- und auch der Zeitdruck, schließlich hatte ich einen OP-Termin. Nach Ablauf der zwei Monate erschien ich aufgeregt und mit hohem Puls in der Klinik. Ich war nicht sehr optimistisch und hoffte, dass der Herd vielleicht zumindest etwas kleiner geworden war.

Ich wurde zunächst in ein kleines Untersuchungszimmer gebeten für einen letzten Ultraschall vor der Operation. Der Arzt fuhr mit dem Ultraschallkopf hin und her, schaute lange Minuten auf den Bildschirm, und sprach kein Wort. Ich wurde immer unruhiger. Die Untersuchung dauerte eine gefühlte Ewigkeit, und der Gesichtsausdruck des Operateurs wurde immer ratloser. Schließlich schüttelte er den Kopf und sagte, da sei definitiv nichts, was er operieren könne. In mir löste sich die Spannung und wurde durch aufkommenden inneren Jubel ersetzt - ich ahnte, es hatte geklappt!

Der Klinikarzt bat mich zurück in sein Büro und rief von dort meinen eigenen Arzt an. Der wollte nicht glauben, dass der Entzündungsherd weg war, und es gab eine höfliche Diskussion der beiden Mediziner, bei der es kaum verhohlen um die Ultraschall-Kompetenz des Klinikarztes ging. Man einigte sich darauf, dass ich noch einmal für einen Ultraschall zu meinem eigenen Arzt in die Praxis kommen sollte. Doch auch er fand zu seinem sichtlichen Erstaunen nichts mehr, obwohl er förmlich in den Bildschirm hineinkroch. Nach all den Monaten erfolgloser Behandlung war die Entzündung verschwunden - „nur" aus geistiger Kraft!

Durch diesen Erfolg war ich so euphorisiert, dass ich quasi aus purem Übermut gleich ein weiteres Problem anging: einen gutartigen Schilddrüsen-Knoten, der im Laufe der Jahre stetig weitergewachsen war. Der Internist hatte angekündigt, dass er bei Erreichen einer bestimmten Größe operiert werden müsse. Das wollte ich natürlich nicht. Ich beschloss, meine Methode auch hier auszuprobieren, war aber keineswegs sicher, ob auch so ein Knoten darauf reagieren würde. Ich erwartete, dass er sich im besten Falle vielleicht nicht weiter vergrößern würde. Doch was ich insgeheim gehofft hatte, wurde wahr: Er verschwand bis zum nächsten Kontrolltermin, und auch hier durfte ich wieder in das Gesicht eines überraschten Arztes blicken!

Später vermied ich noch eine weitere kleine Operation an einem Nabelbruch, der immer wieder Schmerzen machte, so dass ich zeitweise kaum einen Gürtel am Bauch ertragen konnte. Auch hier bin ich nun seit Jahren beschwerdefrei. Und solche Erfahrungen mache nicht nur ich, sondern viele andere Menschen ebenfalls, die einen geistigen Weg zur Heilung probieren.[1]

Im Laufe der Jahre verstand ich immer mehr, dass die Art der Erkrankung für die Selbstheilung überhaupt nicht ausschlaggebend ist. Heute wende ich meine Methode auf sämtliche kleinen und größeren gesundheitlichen Probleme an. Sie hilft beim akuten Hexenschuss, den sie zeitlich stark verkürzen kann, ebenso, wie bei einer starken Zahnfleischentzündung oder bei Infekten, die ich in den meisten Fällen schon im Anfangsstadium bremsen kann.

---

[1] Im Anhang dieses Buchs findest du TV-Dokumentationen und Bücher mit zahlreichen Beispielen schulmedizinisch nachgewiesener Heilungen mithilfe geistiger Kraft.

Was genau ist geistige Selbstheilung?

Die eigenen Selbstheilungskräfte zu aktivieren - das klingt für viele Menschen vor allem nach Sport, Wechselduschen, gesunder Ernährung oder einer Entspannungstechnik gegen Stress. All diese Mittel können tatsächlich sehr hilfreich sein und die Gesundung unterstützen. Doch sie allein reichen oft nicht aus, um von einer hartnäckigen Krankheit geheilt zu werden, oder sie zumindest auf ein gut erträgliches Maß zu bessern. Denn solche äußerlichen Konzepte von Gesundheit lassen außer Acht, dass wir nicht nur körperliche, sondern auch geistige Wesen sind: Unsere innere Einstellung zu Leben und Tod, unsere Überzeugungen, unsere Bewertung belastender Situationen, unsere Erwartungen oder Ängste - all dies wirkt unmittelbar und schon im nächsten Augenblick auf unseren Körper. Und zwar im Guten wie im Schlechten, in jedem Fall aber viel stärker, als die meisten Menschen annehmen. Solche inneren Faktoren sind oft wesentlich entscheidender für Gesundheit oder Krankheit als äußere Einflüsse.

Seltsamerweise kommen meist weder Patienten noch Ärzte, weder Physiotherapeuten noch Heilpraktiker auf die natürliche und naheliegende Idee, auch unsere *inneren* Ressourcen für die Genesung zu nutzen. Dieses weitgehende Ausblenden unserer uns innewohnenden Kraft ist mehr als seltsam. Es ist wohl nur dadurch erklärbar, dass die meisten Menschen nie etwas darüber gelernt haben.

Dabei ist geistiges Heilen gar nichts Geheimnisvolles (und hat natürlich auch nichts mit Geistern zu tun), sondern es meint: Wir sind bei der Genesung nicht allein auf äußere Maßnahmen angewiesen, sondern wir verfügen über eine große innere Kompetenz zur Heilung, die auch „innerer Heiler" genannt wird. Schon der berühmte Arzt und Philosoph Albert Schweitzer sagte, dass jeder Kranke „in seinem Inneren einen Arzt besitzt".

Es wäre wichtig, schon in der Schule nicht nur das Wissen über gesunde Ernährung zu vermitteln, sondern auch, wie man sein inneres Potential zur Selbstheilung auf einfache Weise aktivieren kann. Bis das eines Tages Alltag wird, müssen wir uns dieses Wissen noch selbst aneignen. Genau dabei möchte ich dir mit diesem Büchlein helfen, und dir zugleich die langen Umwege aus Versuch und Irrtum ersparen, die ich selbst gehen musste.

Doch was meint das Attribut „geistig" in Sachen Selbstheilung eigentlich genau? Die meisten Menschen setzen den Geist mit der Psyche gleich. Doch dies ist nicht richtig. Denn die Psyche ist im Gehirn angesiedelt, wird von seiner Biochemie beeinflusst und ist störanfällig: Sie kann selbst erkranken oder durch ungute Erlebnisse oder Erfahrungen belastet sein. Sie besitzt daher oft nicht genug Ressourcen, um heilsam auf den Körper einzuwirken. Ich möchte den Geist daher als eine Instanz beschreiben, welche die Psyche zwar einschließt, zugleich aber über sie hinausgeht. Vor allem die fernöstlichen Weisheitslehren fassen den Geist auf diese

Weise auf, aber auch einige Vertreter der westlichen Psychologie verstehen ihn so. So etwa der Begründer der Analytischen Psychologie, Carl Gustav Jung (1875 – 1961), der sagte: „Ich glaube, daß Heilen auf nichtmateriellem Weg, durch geistige Methoden, eine Zukunft ungeahnter Möglichkeiten hat. (...) Dann wird kaum noch Raum sein für althergebrachte Arzneimittel. Es liegt mir fern, die moderne Medizin und Chirurgie irgendwie herabzusetzen, ich hege im Gegenteil große Bewunderung für beide. Aber ich habe Blicke tun dürfen in die ungeheuerlichen Energien, die der Persönlichkeit selbst innewohnen, und in solche von außerhalb liegenden Quellen, die unter gewissen Bedingungen durch sie hindurch strömen, und die ich nicht anders als göttlich bezeichnen kann."

Beides, die innere Kraft des Menschen sowie das von außen kommende Strömen, das C. G. Jung hier beschreibt, ist auch wichtiger Bestandteil meiner Methode und wird uns an späterer Stelle wieder begegnen. Spannenderweise kommen die meisten Menschen, die sich intensiv mit dem geistigen Heilen beschäftigen, früher oder später zu der Vorstellung des Einströmens einer äußeren Kraft. Es findet sich bereits in den archaischen Ritualen alter Kulturen. Offenbar ist dieses zeitlose Bild, oder besser: diese Wahrnehmung, der Ausdruck eines intuitiven Wissens, das tief in uns verwurzelt ist.

Es ist trotz aller Erläuterungen schwierig, den Geist und seine Kraft, die zugleich in uns ist und über uns hinausgeht, mit Worten zu erfassen. Doch wir können zumindest die Eigenschaften des Geistes benennen: Er ist überpersönlich, ist also nicht unser Ich oder irgendeine andere psychische Instanz. Er ist immer unversehrt und unbeschädigt, er kann nicht erkranken, nicht verletzt werden, und er altert nicht. Er lernt nicht dazu, wie es die Psyche tut, sondern er weiß. Die einzige Entwicklung besteht darin, dass wir ihn im Laufe der Jahre immer besser erkennen und sich die Schleier um ihn immer mehr lüften. Er selbst verändert sich nicht, sondern ist längst vollkommen. Er ist, wenn du so willst, das allgemeine Lebensprinzip, die Weisheit und Intelligenz der Natur, die uns und die Welt durchfließt.

Religiöse Menschen sagen auch: Der Geist ist das göttliche Element in uns, das also, was uns unmittelbar mit Gott verbindet. In der Bibel heißt es dazu: "Wisst ihr nicht, dass ihr Gottes Tempel seid und der Geist Gottes in euch wohnt?" (*1 Kor 3, 16*). Buddhisten beschreiben ihn dagegen als All-Verbundenheit, in der die Erscheinungen und Lebewesen miteinander verwoben sind und unaufhörlich aufeinander einwirken. Der Zen-Meister und Autor Thich Nhat Hanh nennt diese Verflechtung „Inter-Sein" (Interbeing). Sie ist aber nicht nur ein spiritueller Gedanke, sondern im Alltag konkret erfahrbar: Wir sind in unserem Körper nicht autonom und unabhängig, sondern in jeder Sekunde verbunden mit den Elementen, auf die wir zum Überleben angewiesen sind: Ohne Sauerstoff, Sonne, ohne die Erde und ihre Pflanzen wären wir nach kürzester Zeit tot. Unser Körper tauscht sich also in jedem

Augenblick mit seiner Umgebung aus, nimmt sie in sich auf und lebt aus ihr.

Weil die Kraft des Geistes nach dieser Auffassung nicht aus uns allein kommt und nicht auf uns beschränkt ist, ist sie auch nicht begrenzt. Und weil der Geist selbst immer in Harmonie ist, hat er das natürliche Bestreben, auch unseren Körper und unsere Psyche wieder an sich anzugleichen und in dasselbe Gleichgewicht zu bringen, das sein Wesen ist. Spätestens jetzt wird deutlich, dass es nicht ganz korrekt ist, von Selbstheilung zu sprechen: Denn es ist nicht unser Ich, das uns heilt, und auch nicht nur unsere Psyche oder unser Wille[2]. Sondern wir verbinden uns mit dem, was zugleich in uns ist, wie auch über unsere Körpergrenzen hinausgeht. Unsere Psyche unterstützt uns dabei sehr erfolgreich, aber sie leistet die Heilung nicht allein aus sich selbst heraus.

Doch wie funktioniert diese Verbindung mit der uns innewohnenden geistigen Kraft nun ganz konkret? Am leichtesten gelingt sie über innere Bilder und Vorstellungen, denn diese stellen den unmittelbarsten Zugang zur geistigen Wirklichkeit dar. Sie *sind* nicht der Geist, aber sie machen ihn erfahrbar. Einfache Wege und Übungen dazu stelle ich dir in Teil III dieses Buches vor. Wir können uns dem

---

[2] Dies übersehen die meisten Wissenschaftler, die für die Erfolge des geistigen Heilens vor allem psychische Faktoren verantwortlich machen. Durch diese Begrenzung wird das Potenzial der Selbstheilung aus geistiger Kraft noch nicht vollständig erfasst und genutzt.

inneren Heiler aber nicht nur selbst annähern, sondern auch er sucht umgekehrt die Verbindung zu uns. Seine Sprache ist dabei die Intuition: Sie sagt uns, was wir wirklich brauchen, um wieder gesund zu werden. Oft müssen wir jedoch erst üben, diese leise, aber unbestechlich ehrliche Stimme in uns wieder wahrzunehmen.

Wirkt Selbstheilung auch, wenn man nicht an sie glaubt?

Nicht selten höre ich die Meinung, dass man ans geistige Heilen glauben müsse, damit es funktioniert. Doch erstaunlicherweise ist dies keineswegs der Fall! Bei der Heilung meiner schweren Neurodermitis hatte ich große Zweifel, ob Heilung mithilfe meiner inneren Kraft funktionieren kann. Es kam mir zu entlegen und unwahrscheinlich vor. Schließlich hatte auch der Hautarzt betont, dass die Erkrankung nicht heilbar sei - und es ist sehr schwer, einem Facharzt einen solchen Satz nicht zu glauben. Denn wir sind so sozialisiert und erzogen, dass Mediziner für uns eine starke Autorität darstellen, deren Aussagen wir uns schwer entziehen können.

Trotz aller Bedenken hatte ich aber immer dieses unbestimmte innere Gefühl, wonach es etwas gab, das ich bisher übersehen hatte und das mir doch noch helfen würde. Ich hatte also einen Funken Hoffnung. Und dieser Funke reichte völlig aus, um mich für einen Versuch mit dem geistigen Heilen zu öffnen. Auch bei weiteren Erkrankungen musste ich am Anfang wieder gegen Zweifel ankämpfen, schließlich waren es ganz anders geartete Krankheiten als die erste. Trotzdem wurde ich gesund. Zweifel sind menschlich, du musst sie nicht unterdrücken oder sie dir verbieten. Wenn auch nur ein kleiner Teil von dir die Heilung immerhin für möglich hält, ist dies eine gute Voraussetzung!

Viel wichtiger als der Glaube ist etwas ganz Anderes: die Heilung auch unbedingt zu wollen. Das erscheint dir selbstverständlich, klar willst du gesund werden! Doch so selbstverständlich ist die Sache gar nicht: Schon bei einer einfachen Erkältung strecken die meisten Menschen schicksalsergeben die Waffen. Wenn die Nase zu laufen beginnt, fragen sie sich lediglich resigniert, wie heftig die Erkältung wohl dieses Mal werden wird. Passiv sehen sie dabei zu, wie nach Halsschmerzen und dickem Schnupfen schließlich ein hartnäckiger Husten beginnt. Von energischer Entschlossenheit, den Infekt sofort zu bremsen, keine Spur! Eigentlich seltsam, wenn man gesund werden will, oder nicht?

Entschlossenheit aber ist sehr wichtig in Sachen Heilung. Sie hat eine starke Wirkung auf den Körper, sie stößt das Immunsystem und andere Mechanismen der Heilung immens an. Dies gilt für Bagatell-Erkrankungen ebenso wie für gravierende. Egal also, welches gesundheitliche Problem du hast: Lass innerlich keine Alternative zur Heilung zu! Sei hier stur, kompromisslos und starrsinnig. Wie dir das gelingt, beschreibe ich in Teil II sowie bei meiner „Infekt-Stopp-Methode“ in Teil III.

Welche Krankheiten kann man selbst heilen?

Bei der geistigen Selbstheilung ist es weitgehend egal, um welche gesundheitliche Störung es sich handelt. Wir verfügen in jedem Fall über das intuitive Wissen dazu, was uns jetzt helfen und die Krankheit lindern, bremsen oder sogar heilen kann. Unsere Selbstheilungkraft ist - das haben viele Beispiele von Menschen mit unterschiedlichsten Diagnosen gezeigt[3] - nicht auf bestimmte Körperbereiche oder Krankheiten begrenzt. Das geistige Heilen kann bei leichten ebenso wie bei gravierenden Erkrankungen helfen, bei akuten ebenso wie bei langwierigen. Jeder kann seine Fähigkeit zur Selbstheilung also nutzen, ob er lediglich unter häufigen Erkältungen leidet, oder (als Begleitung zur schulmedizinischen Therapie) eine schwere Krankheit stoppen oder heilen will.

Manchmal macht die geistige Selbstheilung sogar Operationen unnötig - dies gilt natürlich vor allem in solchen Fällen, in denen auch der Arzt keinen Widerspruch gegen einen Aufschub einlegt. Zum Beispiel gibt es eine Vergleichsstudie, wonach bei manchen Knorpelschäden des Kniegelenks eine nur vorgetäuschte Operation die Beschwerden ebenso

---

[3] Beispiele für Heilungen auch von schweren Erkrankungen z. B. in der TV-Dokumentation „Welt der Wunder", in der Patienten und Ärzte zu Wort kommen (https://www.youtube.com/watch?v=iiTTRZ4iutM).

wirksam linderte, wie eine echte[4]. Dies funktionierte, weil schon das Hantieren des Chirurgen bei den Patienten ein starkes inneres Bild über die Beseitigung des Knieproblems auslöste. Allein diese intensive Vorstellung stieß ihre Selbstheilungskraft schon so effektiv an, dass eine echte OP unnötig war. Genau dieses Anschubsen des „inneren Heilers“ kannst du aber auch selbst und auf leichterem Wege erreichen!

Ich selbst habe ein Knieproblem heilen können, bei dem ich zuvor jahrelang nur noch unter Schmerzen Treppen herabsteigen oder in die Hocke gehen konnte, um etwas aufzuheben. Der Prozess der Selbstheilung dauerte ein knappes Jahr, aber schließlich waren die Schmerzen verschwunden.

Der Grund, warum es dem „inneren Heiler“ letztlich gleichgültig ist, um welches Gesundheitsproblem es geht, ist ganz einfach: Unser Geist etikettiert die Dinge nicht! Namen und Diagnosen interessieren ihn nicht. Die Definition einzelner Krankheiten ist eine Erfindung unseres Verstandes. Sie macht zwar durchaus Sinn, wo sie Ärzten bei der Forschung und Therapie der Erkrankung hilft. Für Patienten sind diese Begriffe dagegen oft eher

---

[4] Der amerikanische Orthopäde Bruce Moseley veröffentlichte 2002 eine Studie, bei der er und seine Kollegen die Hälfte der Patienten, die unter Kniegelenks-Arthrose litten, nur zum Schein operiert hatten (mit nur oberflächlichen Hautschnitten). Das erstaunliche Ergebnis: Beiden Gruppen – operierten und nichtoperierten Patienten - ging es hinterher besser. Nachzulesen u. a. im Berliner Tagesspiegel (http://www.tagesspiegel.de/wissen/meniskus-operation-raetselhaftes-knie/9491040.html).

schädlich als hilfreich, denn allein der schlimme Name einer Krankheit kann unsere Selbstheilungskraft bereits sehr schwächen.

Es ist daher wichtig, dass wir uns vom Namen einer Erkrankung nicht allzu sehr beeindrucken lassen. Schon der römische Philosoph und Naturforscher Seneca schrieb vor 2000 Jahren: „Manches muß man heilen, ohne daß die Kranken es wissen; schon für viele ward die Kenntnis ihrer Krankheit eine Ursache des Todes!“[5] Auch er hatte beobachtet, dass mit dem Benennen einer Krankheit immer auch eine Bewertung einhergeht: Manche Krankheiten gelten als harmlos, manche als gefährlich. Eine negative Wertung aber kann entmutigen und sehr hinderlich für die Heilung sein.

Natürlich können wir die Bezeichnung einer Krankheit heute nicht völlig ausblenden oder vergessen, wir sind mündige Patienten, die wissen wollen, was Sache ist. Trotzdem oder gerade deshalb ist es gut, dass sich wenigstens unser Geist überhaupt nicht für Diagnosen interessiert. Du brauchst für die Heilung daher auch keinerlei medizinisches Wissen - dein Körper weiß, wie's geht!

Gut wirksam ist das geistige Heilen aber auch bei seelisch bedingten Symptomen ohne nachweisbare körperliche Ursache. Diese sogenannten somatoformen Störungen (früher: psychosomatische Störungen) sind sehr verbreitet und heute eine der häufigsten Ursachen für den Arztbesuch. Die kör-

---

[5] Seneca: „Vom glückseligen Leben“, Stuttgart 1978.

perlichen Beschwerden können dabei durchaus massiv und sehr belastend sein. Sie sind also völlig echt, auch wenn die Untersuchung keine krankhafte Ursache ergibt. Solche Symptome können in fast allen Körper- und Organbereichen auftreten, zum Beispiel als Kopf-, Bauch- und Rückenschmerzen, Schwindel, ansteigender Blutdruck, funktionelle Herzbeschwerden (z. B. Herzrasen oder -stolpern) oder auch pseudo-neurologische Symptome (z. B. Kribbelgefühle).

Natürlich solltest du bei neu auftretenden Symptomen immer zunächst eine ärztliche Abklärung vornehmen lassen! Der Verdacht auf eine seelisch bedingte Störung liegt nur dann vor, wenn eine gründliche körperliche Untersuchung ergebnislos bleibt, oder sie die Stärke der Symptome nicht ausreichend erklärt. Viele Menschen können sich in diesem Fall nicht vorstellen, dass ihre heftigen Beschwerden weitgehend psychisch bedingt sein sollen. Sie beginnen ein verzweifeltes „Doktor-Hopping" von Arzt zu Arzt, das sie aber nicht beruhigt, sondern ihre Angst, und damit auch ihre Beschwerden aufrecht erhält.

Somatoforme Störungen werden zwar manchmal von Stress verursacht, oder auch von großen Belastungssituationen wie einer Trennung, einem Todesfall oder finanziellen Problemen. Jedoch stimmt diese weit verbreitete Auffassung längst nicht immer. In vielen Fällen sind sie auch Ausdruck großer, bisher kaum bewusster Ängste - zum Beispiel vor Krankheiten oder dem Tod. Sie offenbaren häufig ein mangelndes Vertrauen ins Leben, aber auch in den eigenen Körper, der als unzuverlässig und unberechenbar wahrgenommen wird.

Hier gibt das geistige Heilen schrittweise das verlorene Vertrauen zurück und kann zugleich dabei helfen, den existentiellen Ängsten, denen jeder Mensch sich stellen muss, gelassener zu begegnen. Es ist dann nicht mehr nötig, dass die Seele ihre Angst über den Körper ausdrückt, und die Beschwerden ebben ab.

Wie schnell wirkt das geistige Heilen?

Wie schnell meine Methode der Selbstheilung dir helfen wird, hängt nicht unbedingt von der Schwere der Erkrankung ab. Entscheidender ist die Stärke deiner Motivation, man könnte auch sagen: der Leidensdruck. Ein hoher Leidensdruck löst oft eine große innere Entschlossenheit aus. Und diese führt dazu, dass man die Heilübungen konsequent und mit viel innerem Nachdruck durchführt. Dies kann auch bei einer schwierigen Erkrankung eine recht schnelle Besserung auslösen. Umgekehrt kann eine eher leichte gesundheitliche Störung hartnäckig sein, wenn man halbherzig an sie herangeht, oder nicht allzu sehr unter ihr leidet. Ich selbst habe manchmal Zipperlein, die sich hinziehen, weil sie mich nicht so gravierend einschränken, wie ich meinen Geist gern glauben machen will.

Trotzdem gilt: Wie schnell geistige Selbstheilung wirkt, lässt sich schwer vorhersagen. Vor allem bei akuten Beschwerden oder Entzündungen kann eine Besserung schon nach wenigen Tagen kommen, gelegentlich sogar über Nacht. Bei chronischen Erkrankungen kann sie einige Monate, in manchen Fällen auch Jahre in Anspruch nehmen. Entscheidend sind daher Ausdauer, Entschlossenheit und Hartnäckigkeit. Selbstheilung ist zwar manchmal ein Sprint, oft aber auch ein Langstreckenlauf!

Jeder ist ein Heiler!

Den Heiler umgibt oft ein Nimbus des Geheimnisvollen. Er scheint in besonderer Verbindung zu Gott oder zu Kräften des Universums, zu Geistern oder zu zwischenweltlichen Wesen zu stehen. Vor allem aber besitzt er oder sie besondere Kräfte und Fähigkeiten, über die wir Normalsterblichen nicht verfügen. Doch all diese Vorstellungen sind falsch! Ein guter Heiler ist nicht mit magischen Kräften ausgestattet, auch wenn manch Einer von ihnen das behauptet oder sogar selbst glaubt. Sondern er hat lediglich den Zugang zur geistigen Kraft entdeckt. Genau dieser Zugang aber steht uns allen offen! Alle Menschen sind nicht nur körperliche, sondern auch geistige Wesen und haben daher selbstverständlich Zugriff auch auf diesen Aspekt ihres Daseins.

Es gibt keine irgendwie „kompetentere“ Person für die Heilung als uns. Es ist also nicht so, dass unser eigener Geist irgendwie schwach, mickrig und unwissend wäre, der eines anderen Menschen dagegen stark und weise. Der Geist ist immer derselbe! Sobald wir das erkannt haben, brauchen wir keinen Außenstehenden mehr dafür zu bezahlen, dass er auf geistigem Wege unsere Selbstheilungskräfte weckt. Jeder Mensch besitzt diese Fähigkeit auch selbst.

Die Verantwortung für unsere Gesundheit nicht mehr abzugeben, ist auch eine Form der Selbstermächtigung: Wir nehmen uns unsere angeborene Kompetenz in Sachen Selbstheilung zurück.

Wir erinnern uns wieder daran, dass wir tief in uns längst wissen, was für uns heilsam ist, und zwar besser als jeder andere Mensch.

Manche verweisen hier auf die menschliche Zuwendung, die ein Arzt, Heilpraktiker oder Heiler immerhin geben können. Echte Zuwendung – vor allem unbezahlte, von Herzen geschenkte - kann die Selbstheilung tatsächlich fördern, daran besteht kein Zweifel. Deshalb kann ein liebevoller Begleiter hilfreich sein, um uns zu unterstützen und auf unserem Weg Mut zu machen. Das können zum Beispiel die Partnerin oder der Partner, die beste Freundin oder auch ein Verwandter sein. Vielleicht kann ein solcher Begleiter die Übungen, die ich später beschreiben werde, mit dir gemeinsam machen. Dies ist sehr wertvoll. Auch ein Arzt, der menschliche Zuwendung gibt und unsere Selbstheilungskraft unterstützt, kann natürlich eine Hilfe sein, auch wenn es sehr wenige Ärzte gibt, die dies tun.

Nicht jeder findet aber einen anderen Menschen, der in der Lage ist, ihn auf dem Weg der Selbstheilung zu begleiten. Deshalb ist es so wichtig zu wissen, dass ein Begleiter nicht unbedingt notwendig ist. Die Kraft zur Heilung liegt nicht im Anderen, sondern in dir selbst!

Teil I Zusammenfassung

Jeder Mensch ist Experte für seinen Körper und seine Genesung. Wir können aus geistiger Kraft auch hartnäckige Krankheiten bremsen, stark bessern oder ganz heilen. Wir müssen unsere Gesundheit nicht länger delegieren, sondern sind kompetent, selbst die Zuständigkeit dafür zu übernehmen. Der Arzt ist ein wichtiger Begleiter und Assistent für unsere Gesundheit, aber auch nicht mehr.

Für die Selbstheilung braucht es keine besonderen Fähigkeiten. Jeder kann seinen „inneren Heiler" erfolgreich aktivieren. Selbstheilung ist einfach, benötigt kein komplexes System und kein Vorwissen. Sie kann bei allen Erkrankungen angewendet werden, denn unser Geist interessiert sich nicht für Diagnosen und die Namen von Krankheiten.

Wir greifen für unsere Heilung auf unser geistiges Potenzial zu. Dieses schließt Körper und Psyche ein, geht aber zugleich über sie hinaus. Es ist das allgemeine Lebensprinzip, die erneuernde Kraft, die unaufhörlich durch alle Lebewesen strömt. Der Geist kann nicht erkranken, er ist immer intakt. Er hat das natürliche Bestreben, auch unseren Körper wieder an sein eigenes Gleichgewicht anzugleichen und in Harmonie zu bringen.

Teil II

Den Lebenskompass neu justieren

Die Säulen der Heilung

Meine Methode der Selbstheilung besteht aus zwei Säulen. Zum einen aus einer Neujustierung des „inneren Kompasses“: Hier geht es um heilsame Veränderungen bei kräftezehrenden Einstellungen und Haltungen, um das Erschließen neuer Energiequellen im Alltag, und um den Zugang zur eigenen Intuition. Die zweite Säule besteht aus den zentralen Heilübungen, den eigentlichen Basics meiner Methode. Beide Säulen sind gleich wichtig und ergänzen sich gegenseitig, nur gemeinsam entfalten sie ihre ganze Kraft. Aus den Elementen beider Säulen setzt sich anschließend auch dein individueller Heilungsplan zusammen.

Zunächst nun zur ersten Säule meines kleinen Programms. Für die heilsamen Veränderungen, die sie bewirken soll, habe ich das Bild des Kompasses gewählt. Denn dieser ist ein wunderbares Symbol dafür, dass wir uns zur erfolgreichen körperlichen Heilung auch seelisch wieder „einnorden“ müssen, wie Seeleute sagen. Oft sind wir aus Gewohnheit, aber auch durch ungute Prägungen, die wir schon in der Kindheit erhalten haben, unmerklich auf einen falschen Kurs geraten. Diesen erkennen wir leicht daran, dass unser Alltag uns viel Kraft raubt und bisher nicht zu einem erfüllten, zufriedenen und gesunden Leben geleitet hat.

Die Rose jedes Kompasses gibt vier Haupt- und vier Zwischen-Himmelsrichtungen an, weist also eine achtfache Unterteilung auf. Acht Anstöße sind es auch, die ich dir im Folgenden geben möchte, damit du deinen inneren Kompass neu ausrichten kannst, wo dies nötig ist. Diese Neujustierung bereitet den Boden, auf dem deine Heilung optimal gelingen kann.

1. Du bist der Fachmann für deine Gesundheit

Jede Heilung auf geistigem Weg beginnt mit einer Entscheidung. Ohne sie kann die Selbstheilung ihre Wirkung nicht vollständig entfalten. Die Entscheidung, die du jetzt treffen musst, lautet: „Ich bin der Fachmann/die Fachfrau für meine Gesundheit! Ich delegiere diese Verantwortung nicht mehr an Andere." Du bist es, die oder der in deinem Körper lebt, und ihn seit vielen Jahren so gut kennt, wie niemand sonst. Du kannst seine Signale wahrnehmen, und du kannst umgekehrt am unmittelbarsten auf ihn einwirken. Dein Körper ist *dir* geschenkt und anvertraut, du bist in ihm die Hausherrin oder der Hausherr! Du musst nicht länger passiv bleiben und die Zuständigkeit für deine Heilung allein den Ärzten überlassen. Sondern du kannst das Wohlergehen deines Körpers direkt und unmittelbar beeinflussen, dies ist deine Verantwortung und deine Aufgabe. Denn wer hätte größeres Interesse daran, dass es dir gut geht, als du selbst?

Diese entscheidende Rolle darfst du dir nicht mehr wegnehmen oder ausreden lassen. Viele Menschen aber scheuen vor ihrer eigenen Kompetenz zurück. Das ist nicht verwunderlich, denn wir lernen heute von Kind auf gleich zwei unwahre Dinge: Zum einen, dass wir von unserem Körper abgespalten seien. Wir unterscheiden schon früh zwischen „Ich" und „mein Körper". Dies führt zwangsläufig zu dem Gefühl, dass wir unserem Leib, der ein Eigenleben zu führen scheint, nicht allzu sehr vertrauen können und ihm weitgehend ausgeliefert sind. Wir beobachten ihn misstrauisch und warten darauf, was er als nächstes wieder ausheckt, denn darauf scheinen wir kaum Einfluss zu haben.

Zum anderen brachte man uns früh bei, dass nicht wir, sondern allein der Arzt für unsere Heilung zuständig sei. Er muss es richten, er hat das studiert, er muss daher wohl der Experte für unseren Körper sein. Der Arzt ist zwar tatsächlich ein sehr wichtiger und oft notwendiger Unterstützer für unsere Gesundheit. Einen ebenso wichtigen, oft sogar entscheidenden Einfluss haben wir jedoch selbst. Wenn wir den nicht nutzen, schafft es oft auch der Arzt nicht, uns von einer hartnäckigen oder chronischen Krankheit zu befreien.

Ärzte bremsen zudem oft unsere Selbstheilungskraft sehr, indem sie fälschlicherweise sagen, eine Krankheit sei nicht heilbar. Das hat auch der Hautarzt behauptet, zu dem ich wegen der Neurodermitis gegangen war. Solche Aussagen von jemandem, dem wir vertrauen, sind starke und schädliche Botschaften. Sie sind wie eine Programmierung, und sie wirken: Solange auch wir davon überzeugt sind, eine Krankheit sei unheilbar, wird sie es mit großer Wahrscheinlichkeit auch sein. Ehrlicher wäre es deshalb, der Arzt würde sagen: "In der *Schulmedizin* gilt Ihre Krankheit als nicht heilbar. Vielleicht versuchen Sie noch etwas Anderes?" Und genau das solltest du tun!

Wieder selbst der Hausherr im eigenen Leib zu sein, heißt übrigens nicht, dass du allmächtig wärest oder nie mehr krank werden könntest. Es heißt auch nicht, dass du eine Garantie auf Heilung hättest. Das Leben stellt keine Garantien aus. Wir können nur die besten Voraussetzungen für unsere Genesung schaffen - einen Anspruch darauf haben wir nicht. Bei aller inneren Stärke sind wir zugleich nur kleine Teile im unendlichen Geflecht des Lebens, wir hängen nicht nur von uns allein ab.

Doch diese Abhängigkeit ist durchaus auch positiv: Denn auch bei unserer Heilung sind wir nicht auf uns allein gestellt. Wir lassen uns von der Kraft unterstützen, die uns selbst und allem Leben innewohnt, ob man sie nun den inneren Heiler, Gott, die Buddha-Natur, den Geist, das Unendliche, oder Höheres Selbst nennt. Ich habe diese Kraft im Kapitel „Was ist geistige Selbstheilung?“ schon beschrieben. Sie ist - im Gegensatz zu unseren körperlichen oder psychischen Ressourcen - unbegrenzt und unerschöpflich. Wir dürfen uns von ihr nehmen, soviel wir brauchen, sie kennt weder Mangel noch Begrenzung. Noch dazu kostet sie nichts und ist „24/7“ für uns verfügbar!

2. Die Beziehungskrise mit dem Körper beenden

Damit wir uns in unserem Körper wieder heimisch fühlen können, müssen wir zuerst die bereits beschriebene Entfremdung ihm gegenüber abbauen. Die meisten Menschen haben zu ihrem Körper eine distanzierte Haltung, er wird als eigenständig und abgetrennt wahrgenommen. Manche hegen gar einen regelrechten Groll auf ihn, zum Beispiel, wenn sie krank sind, oder auch bloß zu viele Pfunde haben. Ihr Körper will einfach nicht so, wie sie wollen. In Online-Foren zu Gesundheitsthemen liest man häufig Sätze wie: "Mein Körper spinnt jetzt total!“ oder „Mein Körper lässt mich im Stich!“

Diese lieblose Abwertung und seltsame Abspaltung eines so wesentlichen Teils von uns müssen wir aufheben, wenn das geistige Heilen wirken soll. Wir *sind* auch unser Körper, die Trennung von Leib und Seele ist eine künstliche, sie existiert nicht wirklich. Unser Körper meint es außerdem immer gut mit uns: Er ist den lieben langen Tag mit nichts Anderem beschäftigt, als uns gesund zu erhalten, schädliche Keime zu beseitigen, Verletzungen zu reparieren, veränderte Zellen zu eliminieren, und nicht zuletzt: unsere kleinen und großen Sünden in Sachen Stress, Ernährung oder Bewegungsmangel auszugleichen. Doch einen Dank für diese Mühe bekommt er kaum, geschweige denn das Vertrauen, das er eigentlich verdient. Eine unsichere, misstrauische Haltung gegenüber unserem Körper aber hat eine starke Wirkung: Sie verunsichert und schwächt auch ihn und begünstigt so Erkrankungen oder somatoforme Störungen.

Um wieder einen normalen und liebevollen Kontakt mit deinem Körper herzustellen, kannst du ein kleines Experiment machen, das dir vermutlich ein Aha-Erlebnis vermitteln wird: Versuche doch einmal, ins Gespräch mit deinem Körper zu kommen - und zwar ganz wörtlich: Wenn du ein Symptom oder eine Krankheit hast, frage den betreffenden Körperteil, *warum* es ihm nicht gut geht. Das klingt ein bisschen „strange"? Das fand ich zuerst auch. Doch hier gilt es, die Sache nicht reflexhaft abzutun, sondern sie einfach auszuprobieren!

Wenn du beispielsweise deinen Rücken in Gedanken fragst, warum er schmerzt, erhältst du auch eine Antwort. Keine Angst, du wirst keine Stimmen hören! Sondern du bekommst eine intuitive Antwort aus dir selbst. Schließlich *bist* du auch dein Körper. Deshalb weißt du natürlich, was los ist - sofern der altkluge Verstand mal die Klappe hält und deine Intuition sprechen darf. Sie ist eine uralte und zuverlässige Wissensquelle. Auch viele Wissenschaftler glauben inzwischen, dass wir über angeborenes intuitives Wissen darüber verfügen, was uns heilt[6].

---

[6] So sagt Professor Dr. med. Tobias Esch von der Universität Witten/Herdecke, schon in steinzeitlichen Ritualen habe sich intuitives Heilungswissen verborgen. Die moderne Naturwissenschaft bestätige Effekte, die schon vor Jahrtausenden bekannt gewesen seien, so der Fachmann in einem TV-Interview.

Wenn du deinem Rücken (oder einem anderen erkrankten Bereich) also jetzt Worte gäbest, was würde er sagen? Worüber würde er klagen, worum dich bitten? Warte ein paar Augenblicke, nimm dir Zeit. Du wirst irgendwann eine innere Antwort bekommen - in Worten oder auch Bildern. Dass diese Antwort auch wirklich aus deiner Intuition stammt, erkennst du mit einer einfachen Probe: Bei intuitiven Antworten geht es fast nie um äußere Ursachen für eine Krankheit, wie der Verstand sie aufzählen würde (zu wenig Bewegung, Stress, falsche Ernährung). Sondern sie verweisen auf seelische Baustellen oder ungute Lebenshaltungen. Es geht fast immer um Ängste, zu große Bürden, Menschen in unserem Umfeld, ungelöste Konflikte oder Unzufriedenheit in einem wichtigen Lebensbereich.

Ich selbst habe zwei Bandscheibenvorfälle in der Halswirbelsäule. Spätestens beim zweiten, der sehr gravierend war, bis in den Spinalkanal hineinreichte und neurologische Probleme auslöste, war ich sehr erschrocken. Warum immer wieder diese massiven Probleme genau im Nacken? Ich fragte zum ersten Mal nicht meinen Kopf, der mir immer nur etwas von zu viel Bildschirmarbeit oder Bewegungsmangel erzählte. Sondern ich fragte den Rücken selbst, was eigentlich los war. Die Antwort kam zögerlich und lautete in etwa so: "Ach, ich weiß auch nicht… Du bist immer so unter Druck. Und du hast eigentlich fast ständig Angst wegen irgendetwas: um deine Kinder, deine Gesundheit und vieles andere. Das verunsichert auch mich total, weißt du das nicht? Ich bin selbst schon völlig erstarrt wegen dieser Last, ich kann mich kaum noch bewegen!" Diese Antwort mag sehr simpel klingen. Aber mir war tatsächlich überhaupt nicht bewusst gewesen, wie sehr mir eine unterschwellige Angst sprichwörtlich im Nacken saß. Ich nahm daher in mein persönliches Heilungskonzept auch Wege der Angstlösung auf (die ich in den nächsten Kapiteln beschreiben werde).

Probiere diesen Dialog bei einem anhaltenden Symptom zumindest ein einziges Mal aus. Wenn dir dieses Fragespiel mit dem Körper vielleicht kindlich oder naiv vorkommt, macht das nichts. Denn der Austausch mit unserem „inneren Heiler" hat immer etwas Kindliches und Ursprüngliches! Er funktioniert über schlichte Bilder und authentische Gefühle - an kopflastigen Expertisen ist er nicht interessiert. Du kannst noch so viel über deine Erkrankung lesen oder nachdenken, sie wird davon nicht besser. Gib die intellektuelle Distanz zu deinem Körper daher auf und übe, ihm wieder mehr zu vertrauen. Er strengt sich den ganzen Tag unermüdlich an, nur für dich! Und je mehr Gutes du ihm zutraust, desto mutiger, entschlossener und zuverlässiger wird er dies tun. Bedanke dich innerlich hier und da für die Höchstleistungen, die er erbringt. Und höre ihm bei einem hartnäckigen Symptom einmal so geduldig zu, wie du es bei einem Freund tun würdest, den du sehr magst und deshalb wirklich verstehen willst.

Im Verlauf deines Weges der Selbstheilung wirst du mit deinem Körper irgendwann so vertraut werden, dass du eine gute Intuition dafür entwickelst, wie es ihm geht. Du bekommst vielleicht sogar ein Gespür dafür, ob es sich bei einem Symptom nur um ein vorübergehendes Zipperlein handelt, oder um etwas Behandlungsbedürftiges. (Trotzdem empfehle ich dir natürlich, alle Beschwerden, die nicht bald verschwinden, ärztlich abklären zu lassen!).

Ich selbst hatte vor einigen Jahren das unbestimmte Gefühl, dass ich zu meiner Frauenärztin gehen sollte. Und das, obwohl ich nicht einmal irgendwelche Symptome oder Schmerzen hatte. Ich war unruhig, ich wusste, dass etwas nicht stimmt, ohne dass ich dieses Gefühl hätte erklären können. Ich wusste sogar, dass es etwas war, das vermutlich würde operiert werden müssen. Mein Mann schüttelte nur den Kopf und erklärte mich für etwas überspannt. Aber der Ultraschall ergab, dass ich eine Zyste von einer Art hatte, die nicht von selbst verschwindet, sondern im Laufe der Jahre entarten kann. Sie wurde daher per kleiner OP in der Klinik entfernt. Meine Intuition war richtig gewesen.

3. Das heilsame Ja

Viele Erkrankungen werden von Angst begleitet, und umgekehrt können Ängste auch gesundheitliche Störungen begünstigen. Doch wir sind unserer Furcht keineswegs machtlos ausgeliefert. Auch ich hatte über lange Jahre hinweg mit Ängsten zu kämpfen, vor allem in Bezug auf meine Gesundheit, aber auch aufs Leben allgemein: Ich lebte in ständiger Sorge um Familienmitglieder, fürchtete mich vor Unfällen, vor dem Tod, war generell pessimistisch veranlagt und rechnete meist mit dem Schlimmsten. Sehr gern hätte ich dem Leben mehr vertraut, aber ich konnte es einfach nicht. Ich dachte deshalb irgendwann, meine Ängstlichkeit und mein Pessimismus seien einfach eine Typfrage.

Mein Körper reagierte auf meine Ängste sehr verunsichert, was nicht nur schwere Verspannungen und die erwähnten Bandscheibenvorfälle begünstigte, sondern auch diverse somatoforme (= psychosomatische) Störungen. Ich hatte im Laufe der Zeit so ziemlich alles, was das Repertoire zu bieten hat: unklare Kribbelgefühle, Rückenschmerzen, Darmbeschwerden, Magenschmerzen, Herzstolpern, nervöse Unruhe, Engegefühle im Hals und noch Einiges mehr. Ich war ein recht häufiger Gast in den Wartezimmern von Fachärzten jeder Richtung. Ihre Versicherung, dass nichts Organisches vorlag, konnte mich immer nur für kurze Zeit beruhigen, bald trat wieder irgendein neues Symptom auf.

Eines Tages las ich in einem schmalen Büchlein zwei kurze Sätze, die mich im Innersten trafen, ohne dass ich anfangs verstand, warum. Denn auf den ersten Blick wirkten sie unscheinbar und unspektakulär. Sie wurden für den Weg meiner Selbstheilung aber bald mehr als bedeutsam. Die beiden knappen Sätze stammen aus dem Tagebuch des ehemaligen UN-Generalsekretärs Dag Hammarskjöld, und sie lauten: „Dem Gewesenen: Dank! Dem Kommenden: Ja!“[7]

Bei vielen Menschen regt sich vermutlich ein spontaner Widerstand, wenn sie diese knappen Aussagen lesen. Für alles Vergangene danken? Mussten wir nicht schon so viele beängstigende oder leidvolle Erfahrungen machen, manchmal sogar schon als Kind? Das soll ein Grund für Dank sein? Und dann die Zukunft: Wer weiß, was sie bringen wird, was noch alles an Problemen auf uns wartet, zum Beispiel in Sachen Gesundheit. Eine Vorschuss-Zustimmung ist da wohl fehl am Platz, oder?

Diese Reaktion ist völlig verständlich. Trotzdem möchte ich deinen Blick etwas genauer auf diese beiden Sätzchen lenken. Da ist zunächst die erste Aussage: „Dem Gewesenen: Dank!“ Die meisten Menschen schleppen mit trotziger Entschlossenheit ein abgewetztes, schweres Paket durchs Leben. Es drückt und lässt sie unter seiner Last stöhnen, trotzdem setzen sie es nicht ab. Dieses Paket stammt aus

---

[7] Dag Hammarskjöld: „Zeichen am Weg: Das spirituelle Tagebuch des UN-Generalsekretärs“, Pattloch, 2001.

der Vergangenheit, oft noch aus der Kindheit. Seinen Inhalt kennen wir wohl alle: Da ist vielleicht das Gefühl, zu wenig Liebe erhalten zu haben, es gibt seelische Verletzungen, hartnäckige Schuldgefühle, Bedauern über falsche Entscheidungen oder verpasste Chancen. Wie glücklich hätten wir sein können, wie zufrieden, wie erfolgreich, wenn nicht…!

Aber wir können nicht mehr zurückgehen in die Vergangenheit und die Weichen anders stellen. Es kann richtig sein, zum Beispiel mit psychologischer Hilfe, einmal zurückzuschauen. Dies aber immer wieder zu tun und nicht loslassen zu können, bringt die schlechten Gefühle ständig aufs Neue in den gegenwärtigen Moment, wo sie unheilsam auf unsere Stimmung und unsere Gesundheit wirken. Doch wie können wir die Last des Vergangenen loswerden? Es klappt nicht, indem wir einfach nicht mehr daran denken - dass Verdrängung nicht funktioniert, hat sich längst herumgesprochen. Was also tun?

An diesem Punkt kommt Dag Hammarskjölds Satz zum Tragen: Es ist der Dank, der deinen Blick darauf lenkt, dass es neben dem Negativen, das du vielleicht erlebt hast, zugleich auch Positives gab. Dass belastende Erfahrungen dich widerstandsfähiger oder auch einfühlsamer gemacht haben. Und dass alles, was du erlebt hast, das Gute wie das Schwere, dich zu der Persönlichkeit gemacht hat, die du heute bist - und die du vermutlich im Großen und Ganzen ganz gelungen findest.

Wenn du fünf Dinge in deinem Leben aufschreibst, für die du dankbar sein kannst, dann werden dir vermutlich noch viel mehr einfallen. Probiere es aus: Vielleicht hast du einen wunderbaren Partner, Kinder, Enkel oder auch einen besonders engen Freund (bzw. eine liebe Freundin), eine schöne Wohnung, oder freust dich jeden Tag an dem alten Baum, der vor deinem Fenster steht. Vielleicht kochst oder liest du mit Begeisterung und hast hier schon viele angenehme Stunden erlebt, magst es, mit deinem Hund in der Natur unterwegs zu sein, oder genießt Schmusemomente mit deiner Katze.

Im nächsten Schritt kannst du etwas ziemlich Unerhörtes tun: Du kannst das alte Paket aus der Vergangenheit stehen lassen und weitergehen. Du glaubst nicht, dass das funktioniert? Was würde eigentlich passieren, wenn du deinen Groll, deine Trauer, dein Bedauern oder deine Schuldgefühle jetzt fallen lassen würdest? Wem würde dies schaden? Und wie würdest du dich ohne diese Last fühlen?

Ungute Gefühle aus der Vergangenheit können wir natürlich oft nur langsam gehen lassen, nicht von einem Moment auf den anderen. Es wäre sicher unrealistisch, dies zu behaupten. Dennoch wird es immer besser funktionieren. Vergangene Ereignisse, aber zum Beispiel auch deine Eltern haben nur dann Macht über dich, wenn du ihnen diese bereitwillig einräumst! Es ist keineswegs so, dass eine schwierige Kindheit das ganze Leben prägen muss.

Der zweite Satz aus dem Tagebuch Dag Hammarskjölds ist fast noch machtvoller: „Dem Kommenden: Ja!“ Diese Aussage ist die stärkste Waffe gegen jede Angst, auch wenn dies völlig paradox klingt. Furcht ist misstrauisch, sie traut dem Leben nicht von hier bis da. Sie schaut wie ein hypnotisiertes Kaninchen nach vorn und denkt: bloß nicht zu sorglos sein, bloß nicht zu ungehemmt freuen - es kann schließlich alles noch richtig schlimm kommen! Die Sorge um etwas, das vielleicht nie passieren wird, frisst aber viel Energie, die wir so dringend für unsere Heilung brauchen. Außerdem hindert sie uns daran, unsere Bedürfnisse im Jetzt zu erkennen und sie zu leben.

Gegen die Angst aber hilft der übliche, gut gemeinte Trost unserer Mitmenschen („Ach, das wird schon wieder! Da passiert schon nichts!“) kaum. Diese hilflosen Beruhigungsversuche wirken entweder gar nicht, oder allenfalls kurz. Auf die Furcht gibt es nur eine einzige Antwort, die auch langfristig heilsam ist. Und diese lautet erstaunlicherweise: Ja! Die Bejahung also von allem, was wir nicht selbst beeinflussen können, sei es gut oder auch schwer.

Es ist ganz natürlich, großen Widerstand gegen ein solches Ja zu haben, das geht den meisten Menschen so. Du musst dieses Ja auch nicht sagen, wenn es dir wie eine Zumutung vorkommt. Wenn du es aber vorsichtig ausprobiert, erlebst du vielleicht etwas Unerwartetes: Die mutige Bejahung erlöst immer mehr vom alten Misstrauen ins Leben und ersetzt es allmählich durch ein wachsendes Vertrauen: Was auch geschehen wird, es wird auf irgendeine Weise dein inneres Wachstum unterstützen. Der Schriftsteller Oscar Wilde soll einmal gesagt haben: „Am Ende wird alles gut. Und wenn es nicht gut ist, ist es noch nicht das Ende." Diesen Satz können wir nicht mit dem kritischen Verstand erfassen, er erscheint dann naiv und blauäugig. Wenn wir aber allmählich zu einem ersten Vertrauen gelangen, gewinnt er zunehmend an Sinn. Wir verstehen immer besser, was gemeint ist, und zwar intuitiv und mit dem Herzen.

Den riesigen Schritt zu einem vorbehaltlosen Ja schaffen viele Menschen frühestens ab dem mittleren Lebensalter. Dies war auch bei mir so, und vielleicht hätte ich ihn sogar nie geschafft, wenn ich nicht von einem recht hohen Leidensdruck angestoßen worden wäre.

Ich hatte ich Verlauf mehrere Jahre gleich drei Mal unklare Befunde, bei denen die Ärzte unsicher waren und weitere Untersuchungen oder auch eine kleine Operation zur Abklärung anberaumten. Ich war sehr verängstigt, das belastende Warten, die Unklarheit zog sich über quälende Wochen hin. Mein latentes Misstrauen ins Leben wurde noch einmal gesteigert. Als mir diese Situation eines unklaren Befunds zum zweiten Mal passierte, wusste ich: Es geht so nicht weiter! Ich will dieses hilflose Ausgeliefertsein an die Angst einfach nicht mehr.

Jetzt hieß es also „Hopp oder Topp!": Entweder wieder vor Angst halb umkommen - oder endlich vertrauen. Ich tat das scheinbar Unmögliche: Ich sagte innerlich „Ja!“, und zwar auch zu einer möglicherweise unguten Diagnose. Und jetzt geschah etwas sehr Erstaunliches: Die Angst wurde schwächer, ich fühlte eine seltsame Erleichterung. Es gab sogar hier und da Momente völliger Angstfreiheit. Ich wurde gelassener, konnte das Ergebnis (das glücklicherweise beruhigend war) geduldiger abwarten. Und als eine ähnliche Situation ein drittes Mal passierte, konnte ich von vorn herein wesentlich stabiler und gelassener damit umgehen.

Alles zu bejahen, was im Leben noch kommen kann, erscheint auf den ersten Blick unlogisch. Aber die menschliche Seele braucht keine Logik, um zu heilen, ihre Bedürfnisse sind andere! Rationales Nachdenken, Analysieren oder die Beschwichtigungen durch Andere können die Angst nicht lindern. Denn die Seele weiß, dass es keine Hintertür für die existenzielle Angst gibt, die uns alle betrifft, weil wir sterbliche Wesen sind. Die Ungewissheit aller Dinge zu bejahen, nimmt der Furcht dagegen ihre Macht. Sie läuft dann ins Leere, denn es stellt sich ihr kein Widerstand mehr entgegen.

Um einem Missverständnis vorzubeugen: Das Ja heißt nicht, dass du deine Krankheit schicksalsergeben absegnen sollst. Im Gegenteil: Es ist wichtig, alles zu tun, um gesund zu werden! Das Ja bezieht sich darauf, dass wir aber trotz aller Mühe nicht alles im Leben beeinflussen können. Den Rest an Unsicherheit müssen wir aushalten, und dies geht leichter, wenn wir ihn annehmen.

Wenn du diese beiden Haltungen - den Dank und das Ja - immer wieder einmal ausprobierst, werden sie ihre Wirkung entfalten und dich langsam, aber tiefgreifend verändern. Wie stark diese Wirkung ist, kann man sich nur schwer vorstellen, bevor man es nicht selbst versucht hat. Setze dich aber nicht unter Druck, falls dir ein Dank oder das Ja noch nicht möglich sind, du kannst natürlich auch so gesund werden! Diese beiden Haltungen sind lediglich eine Hilfe, die von den Altlasten der Vergangenheit und der Angst vor dem, was kommen mag, entlasten kann.

Es gibt etwas, das uns dabei sehr gut unterstützen kann: die Meditation und/oder das Achtsamkeitstraining. Eine einfache Einführung in diese Techniken gebe ich dir im nächsten Kapitel.

4. Meditation – dein täglicher Kurzurlaub

Viele Krankheiten sind von bangen Fragen begleitet: Werde ich die Erkrankung in den Griff bekommen? Wird es jemals besser werden? Kann ich wieder ganz beschwerdefrei werden? Es gibt eine Methode, die inmitten all dieser Unsicherheit wieder Zuversicht und Gelassenheit auslösen kann, und die zugleich unsere Selbstheilungskraft aktiviert: die Meditation. Sie ist ein wesentliches Element meines eigenen Gesundheitsprogramms geworden, auf das ich keinen Tag mehr verzichten möchte. (Wenn sie dir aber gar nicht liegt, habe ich im weiteren Verlauf dieses Kapitels eine gute Alternative für dich).

Meditation kann Unruhe und Ängste schon nach wenigen Wochen messbar abschwächen, wie Wissenschaftler beobachtet haben. Zumindest für die Dauer der Sitzung kann jede Angst sogar völlig verschwinden, was bei einer Krankheit eine Riesenentlastung und sehr erholsam ist. Zugleich kann der Körper in der tiefen Ruhe, die Meditierende mit etwas Übung erreichen, perfekt auf seine Ressourcen zugreifen und diese für die Heilung nutzen.

Die tiefe Versenkung baut auch Stress sehr wirkungsvoll ab. Forscher beobachteten im Kernspin-Tomografen: Schon nach acht Wochen führte regelmäßige Meditation zu einer Umstrukturierung bestimmter Hirnareale, die für Stress besonders empfindlich sind[8]: Sogar ein stressbedingter Abbau grauer Substanz wurde umgekehrt, neue und gesunde graue Substanz bildete sich. Einen ähnlichen Effekt hatte bei Untersuchungen auch das Achtsamkeits-Training, dass ich dir später in diesem Kapitel als Alternative oder auch Ergänzung zur Meditation vorstellen werde.

Ich selbst hatte vor der chronischen Entzündung, die schließlich operiert werden sollte, zwar bereits etwas Meditationserfahrung. Aber ich hörte immer wieder damit auf, mein Enthusiasmus hielt nie lange an. Als ich erkrankte, nahm ich aber die tägliche Meditation in meinen Heilplan auf, und zum ersten Mal hielt ich sie auch konsequent durch. Manchmal müssen wir wohl zuerst krank werden, bevor wir genug Motivation entwickeln, etwas Gutes auch wirklich beizubehalten.

Meditation muss nicht weltanschaulich geprägt sein - du musst also kein Buddhist oder Christ sein, um erfolgreich zu meditieren. Wenn du religiös bist, ist dies aber hilfreich. Denn dann weißt du dich in dieser schauenden Versenkung gehalten und gesehen. Du kannst dich in einen Frieden hineingeben, der nicht aus dir selbst kommt, und der größer ist, als wir es mit dem Verstand erfassen könnten. Doch Meditation kann auch weltanschaulich neutral sein und trotzdem eine starke und heilsame Wirkung entfalten.

---

[8] Das Experiment ist zu sehen in der ZDF-Dokumentation „Die Heilkraft des inneren Arztes“ (https://www.youtube.com/watch?v=M3O_hxmUmbI).

Wenn du täglich übst, kommst du nach einiger Zeit an den Punkt, wo Meditation keine lästige Pflichtübung mehr ist, sondern du dich sogar jeden Tag auf sie freust. Denn sie bietet Körper und Seele eine echte und effektive Erholung, einen richtigen Kurzurlaub - und dies stimmt ganz wörtlich. Seit ich selbst meditiere, habe ich das Gefühl, keinen Urlaub mehr zu brauchen. Natürlich genieße ich es, auch einmal wegzufahren. Aber Urlaub ist für mich keine Rettungsinsel mehr, auf die ich mich den Rest des Jahres freue, so wie früher, als ich mich ständig gestresst und „urlaubsreif" fühlte.

Im Folgenden beschreibe ich dir eine kinderleichte und wirksame Meditationstechnik für Anfänger, mit der du sofort beginnen kannst:

Meditation – einfach nur atmen!

Setze dich bequem auf einen Stuhl, auf ein Meditationsbänkchen oder -kissen. Achte darauf, in der Lendenwirbelsäule gerade zu sein, also weder ins Hohlkreuz zu geraten, noch nach vorne gebeugt zu sein. Hebe den Brustkorb leicht an, ziehe die Schultern trotzdem nicht hoch, sondern lasse sie locker herabhängen. Richte am Schluss die Scheitelkrone stolz auf - so als ob jemand von oben mit einem Faden an deinem Kopf ziehen würde. Bleibe trotzdem entspannt - es ist nicht so wichtig, ob deine Haltung ganz perfekt ist. Es geht lediglich darum, Verspannungen während des Sitzens durch eine allzu ungünstige Haltung zu vermeiden.

Schließe nun die Augen oder richte den Blick auf einen Punkt etwa einen Meter vor dir. Zähle zu Beginn ein Mal langsam rückwärts von drei bis null. Bei jeder Zahl wirst du innerlich etwas stiller.

Denke nun bei jedem Einatmen "Ein", bei jedem Ausatmen "Aus". Atme nicht forciert oder extra tief, sondern sanft und leicht. Lass den Atem trotzdem möglichst bis in den Unterbauch fließen, aber ganz ohne Anstrengung. Es ist nicht schlimm, wenn dies anfangs nicht gut klappt oder du sogar ein Engegefühl beim Atmen hast. Ignoriere es einfach. Lass dich eher atmen, als dies selbst zu tun.

Es werden bald Gedanken auftauchen, die dich ablenken. Zum Beispiel zu Dingen, die du heute noch erledigen willst. Oft wirst du erst nach einiger Zeit bemerken, dass du diesen Gedanken gefolgt bist und die Meditation völlig vergessen hast. Ärgere dich dann nicht, bewerte die Ablenkung nicht kritisch, verfolge sie einfach nicht weiter. Lass die Gedanken fortziehen und kehre zurück zum Atem. Besonders hartnäckige Störenfriede wie Ängste, Sorgen oder Ärger kannst du in ein imaginäres Boot packen. Dieses lässt du dann vor deinem inneren Auge langsam forttreiben, bis es in der Ferne verschwindet. Beobachte dies nur beiläufig und kehre zum Atem zurück.

Genieße es, einfach nur zu atmen! Es gibt im Moment keine andere Aufgabe für dich, nichts ist zu tun, nichts ist zu erledigen. Die Welt dreht sich für eine Weile auch ohne deine Unterstützung weiter. Nur zu atmen, ist tatsächlich eine wunderbare Beschäftigung, wie du bald feststellen wirst.

Die beste innere Haltung während des Atmens beschreibt der Zen-Meister Thich Nhat Hanh so: „Ich atme und weiß: Ich bin angekommen. Ich bin zu Hause." Diese Affirmation ist durchaus wörtlich gemeint: Zumindest in diesem Augenblick bist du am Ziel deiner Reise angelangt! Alles ist getan. Du darfst dir deinen kleinen Urlaub mitten im Alltag daher völlig ungeniert nehmen!

Mit etwas Training wirst du während der Meditation in eine tiefe Ruhe kommen, in der Angst einfach nicht stattfindet. Oft gelingt es erst nach längerer Zeit, in diesen tiefen Zustand zu gelangen, deshalb sollte die Meditationssitzung nicht zu kurz sein, sondern 20 bis 40 Minuten dauern (aber auch nicht länger).

Du solltest nur dann auf eigene Faust meditieren, wenn du in der Vergangenheit keine psychischen Probleme hattest. Bist du dir auf irgendeine Weise unsicher, meditiere nur unter fachkundiger Anleitung. Anbieter von Kursen sind die Volkshochschulen, Familienbildungsstätten, buddhistische Zentren oder auch christliche Klöster, von denen einige ebenfalls Meditationstage - vom Zen-Sesshin bis zur christlichen Kontemplation - anbieten.

Wenn Meditation dir nicht liegt, oder sich für dich nicht angenehm anfühlt, kannst du eine ähnliche Wirkung auch auf anderem Wege erreichen: durch die Methode der Achtsamkeit. Bei ihr geht es darum, nicht länger geistesabwesend und im Autopilot-Modus durch den Alltag zu treiben, sondern immer wieder bewusst in den gegenwärtigen Moment zu kommen. Den größten Teil unserer Zeit sind wir in Gedanken ganz woanders: bei einem ärgerlichen oder auch schönen Ereignis aus den letzten Tagen, bei den Dingen, die heute noch zu tun sind, oder die morgen auf uns zukommen. Gedanklich gegenwärtig und sich seiner selbst bewusst zu werden, ist aber wichtig, denn es hat eine ähnlich heilende Wirkung wie Meditation.

Der Einstieg in diesen Weg ist sehr einfach. Er klappt besonders leicht mit einer kurzen Körperübung, die ich dir hier vorstellen möchte. Ihre positive Wirkung ist sehr schnell zu spüren - gut für Ungeduldige, die nicht wochenlang auf Ergebnisse warten möchten!

Die Übung wird im Sitzen gemacht und dauert nur etwa zwei Minuten. Du kannst sie fast überall praktizieren: zu Hause, im Büro, im Bus oder auch im Auto, wenn du gerade auf jemanden warten musst oder im Stau stehst.

Schnelle Achtsamkeitsübung

Schließe die Augen halb oder ganz. Spüre nun das leichte Gewicht deiner Kleidung auf den Schultern. Verweile einige Atemzüge lang bei der schwachen, aber angenehmen Empfindung, wie die Kleidung dich dort sanft berührt und umhüllt.

Wandere dann allmählich abwärts zum Rücken. Fühle die Berührung der Kleidung oder auch der Stuhllehne dort. Kon-

zentriere dich wieder einige Augenblicke lang aufmerksam auf dieses Gefühl. Gehe dann weiter zu den Händen, die entweder auf den Beinen aufliegen oder entspannt verschränkt sind. Spüre den Kontakt der Finger miteinander und mit dem Untergrund.

Richte deine Aufmerksamkeit anschließend auf die Oberschenkel. Nimm den Druck wahr, den dein Körpergewicht auf sie ausübt. Bleibe auch hier einige Atemzüge lang und beobachte deine Empfindungen beim Sitzen.

Lenke die Wahrnehmung am Schluss in die Füße. Spüre die Umhüllung der Füße durch Schuhe oder Strümpfe, die einen leichten Druck ausüben, sowie den Kontakt deiner Fußsohlen mit dem Boden.

Lass' die Augen weiterhin halb oder ganz geschlossen und wiederhole die Übung nun drei bis vier Mal. Beginne wieder mit den Schultern, wandere hinab zum Rücken, den Händen, Oberschenkeln und Füßen.

Diese Übung klingt recht unspektakulär, und du kannst dir vielleicht nicht recht vorstellen, dass sie etwas bringen soll? Probiere sie trotzdem aus, sie hat immer eine Wirkung! Die meisten Menschen fühlen sich schon nach wenigen Durchgängen überraschend entspannt. Viele dösen sogar fast weg. Andere spüren während des Übens in einem bestimmten Körperbereich eine Anspannung. In diesem Fall kannst du beim nächsten Durchgang etwas länger in dem verspannten Bereich verweilen. Spüre dem Gefühl nach, schaue es an. Lass es dann jedoch innerlich los und gehe zum nächsten Körperbereich über. Wiederhole auch hier die Übung mehrfach.

Diese genaue Wahrnehmung auch kleinster Empfindungen bringt dich aus der Hektik, den Ablenkungen und abschweifenden Gedanken des Alltags schnell und zuverlässig in den gegenwärtigen Moment. Warum dies so entscheidend für deine Heilung ist, erkläre ich im nächsten Kapitel.

5. Heilung beginnt jetzt!

Ob du nun meditierst und/oder die Kurzübung zur Körperwahrnehmung machst: Beides dient dazu, dich ganz in den gegenwärtigen Augenblick zu bringen. Warum aber ist der eigentlich so wichtig? Ist das mit dem „Leben im Hier und Jetzt“ nicht irgend so ein esoterischer Luxus-Gedanke ohne praktischen Nutzen? Wenn du nicht länger darüber spekulierst, sondern die Meditation oder Körperübung einfach ausprobierst, erübrigen sich diese Fragen schnell - du wirst die Wirkung einfach selbst erfahren.

Ganz gegenwärtig zu sein, das meint: an einen Ort zu gelangen, an dem wir uns prächtig ausruhen und erholen können! Wir alle sehnen uns danach, irgendwo ganz zu Hause zu sein, ganz anzukommen. Die meisten Menschen suchen diese Heimat aber im Außen: bei einem anderen Menschen, an einem besonders schönen Ort, in einem befriedigenden Beruf, im erfüllten Kinderwunsch. Doch sogar, wenn wir den perfekten Partner, wunderbare Kinder, einen gut bezahlten Job und ein geräumiges Haus haben, haben wir früher oder später wieder das unterschwellige Gefühl, dass zur Erfüllung noch etwas Wesentliches fehlt. Eigentlich müssten wir doch total glücklich sein – aber wieso sind wir’s nicht? Und so hoffen wir weiter, dass die völlige Zufriedenheit irgendwo in der Zukunft noch auf uns wartet.

Es braucht eine neue Art des Sehens, um zu erkennen, dass wir die innere Heimat längst besitzen, dass wir in jedem Moment vollkommen zu Hause und am Ziel sind – auch wenn wir natürlich noch Pläne haben. Dies klingt widersprüchlich - jedoch nur so lange, bis man es tatsächlich selbst erfahren hat. Erfahrung ist sowieso das Einzige, dem du wirklich glauben solltest! Sie aber kannst du nicht durch Lesen, Nachdenken oder Spekulieren machen, sondern allein durch Ausprobieren.

Wer meditiert oder Achtsamkeit praktiziert, fühlt sich zunehmend geborgen, zentriert, beheimatet. Er spürt immer besser, was ihm wirklich gut tut, und stärkt seine Intuition. Er entdeckt Kraftquellen in sich, von denen ihm sein Arzt nie erzählt hat. Dies fördert nicht nur die körperliche Heilung, sondern bewirkt auch die Auflösung vieler Probleme und Konflikte, die bisher Kraft gekostet haben. Denn schädliche Verhaltensmuster oder die Dauerverstrickung in alte Konflikte halten dem Licht der wachen, nicht wertenden Aufmerksamkeit nicht stand. Sie lösen sich mit der Zeit von selbst auf. Schauende Aufmerksamkeit aber braucht den gegenwärtigen Moment, nirgendwo sonst kannst du sie üben.

Der indische Jesuit und Buchautor Anthony de Mello fasste diesen heilsamen Weg der Achtsamkeit und Bewusstheit (Awareness) in drei knappen, aber knackigen Aufforderungen zusammen: „Sei du! Sei hier! Sei jetzt!“

„Sei du!“ bedeutet: Sei nicht, was Andere von dir glauben, dass du es bist. Spiele nicht länger eine Rolle, die gut ankommt oder von dir erwartet wird. Dies strengt an und kann Krankheiten begünstigen. Sei freundlich und respektvoll, aber verbiege dich nicht. Gehe achtsam mit dir um, achte also gut auf dich! Sieh die Wünsche Anderer nicht für wichtiger an, als deine eigenen. Sei nicht reflexhaft nett und pflegeleicht, sondern auch mal unbequem. Du brauchst nicht für alles, was du tust, den Applaus deines Partners, von Verwandten, Bekannten oder Kollegen. Du wirst die überraschende Erfahrung machen, dass du nicht weniger akzeptiert oder geliebt wirst, wenn du nicht mehr so angepasst bist. Im Gegenteil: Du wirst nach wie vor gemocht, und noch dazu mehr respektiert werden!

Die nächste Aufforderung, „Sei hier!“, bedeutet: Egal ob du gerade im Büro, am heimischen Esstisch oder im Auto bist: Versuche, anwesend zu sein. Denke dich nicht weg von dem Ort, an dem du bist. Denn dein Leben findet entweder hier statt - oder es findet nirgends statt! Wir alle gleiten in Gedanken natürlich immer wieder ab, denn unsere Psyche neigt zur Ruhelosigkeit und sucht ständig neuen Input. Aber wir können mit etwas Training lernen, dieses Abgleiten früher zu bemerken und ins Hier zurückzukehren - das ist es, was mit Achtsamkeit gemeint ist.

Egal, ob wir krank oder gesund sind: Wir alle haben nur eine begrenzte Zeit zur Verfügung, und wir sollten sie nicht vergeuden, indem wir innerlich die meiste Zeit abwesend sind. Dass jeder Tag eine Kostbarkeit ist, ist nicht nur ein Sprichwort. Dies auch zu leben, schaffen wir vielleicht nicht von morgens bis abends, das können wohl nur Weise oder Mystiker. Aber du kannst an jedem Tag zumindest einen besonderen Augenblick finden, der ihn einzigartig macht.

Ich selbst versuche, täglich einen „Lieblings-Moment“ zu finden, damit nicht die meisten Tage meines Lebens im Nichts des Vergessens versinken. Ein solcher Moment kann der Duft einer Kletterrose sein, wenn ich die Nase in ihre kühlen Blütenblätter tauche. Oder auch eine Begegnung mit einem Menschen, die mich aus irgendeinem Grund positiv überrascht hat. Es kann auch der Feuersalamander sein, dem ich auf dem regennassen Waldweg begegne, oder ein kleiner Wolkenschleier, in dem sich das Sonnenlicht bricht, so dass er für Sekunden regenbogenbunt aufglüht. All das macht den Tag zu einem einzigartigen und im wahrsten Wortsinn erlebten Tag.

Im Hier zu sein meint also das, was um uns herum ist, auch wirklich zu sehen. Dies gilt aber auch für andere Menschen oder schwierige Situationen: Meist schauen wir nur kurz hin, zücken dann einen unserer Stempel und drücken ihn der Person oder Situation auf. Vor allem bei scheinbar negativen Erfahrungen fällen wir oft vorschnell unser Urteil: Diese Person hat mir geschadet, diese Entlassung hätte nicht passieren sollen, diese Krankheit hätte das Schicksal mir nicht aufbürden dürfen, ich bin wirklich vom Pech verfolgt! Oft erkennen wir erst im Nachhinein und Jahre später, dass etwas Belastendes uns auch bereichert hat, weil es uns stärker oder reifer gemacht hat. Oder uns vielleicht dazu angeregt hat, unkonventionelle Lösungen zu finden und etwas in unserem Leben zum Besseren zu verändern.

Umgekehrt kann auch etwas, das auf den ersten Blick ein großes Glück zu sein scheint, sich später als Belastung oder als etwas völlig Wertloses entpuppen. Der Karrieresprung erlaubt vielleicht kaum noch Zeit für die Familie oder macht auf Dauer krank, die Freude am neuen Auto, der neuen Wohnung hält nur wenige Wochen an, bevor das altbekannte Gefühl latenter Unzufriedenheit zurückkehrt.

Versuche daher, nicht alles, was dir begegnet, gleich reflexhaft zu bewerten, sondern sieh es möglichst unvoreingenommen an. So wirst du nicht nur gelassener gegenüber den Herausforderungen des Lebens und den Macken deiner Mitmenschen (und deinen eigenen). Sondern du erkennst auch immer deutlicher, was dich wirklich trägt. Du lebst tiefer, zufriedener, dankbarer - und dadurch auch gesünder.

Die letzte Aufforderung von Anthony de Mello, „Sei jetzt!“, meint, dass wir die meiste Zeit ein unsichtbares Schild an der Stirn hängen haben, auf dem steht: „Bin gleich zurück!“ Wir sind 90 Prozent unserer Zeit gedanklich in der Zukunft oder auch in der Vergangenheit unterwegs: Wir überlegen ständig, was wir alles noch erledigen müssen, schauen mit Sorge nach vorn, nehmen Dinge gedanklich vorweg, die passieren könnten. Oder wir sehen zurück: Wir denken an ein unangenehmes Gespräch, ärgern uns über etwas, das nicht optimal gelaufen ist, oder schwelgen in einer angenehmen Erinnerung.

Es ist schon seltsam: Wir mögen es zwar nicht, wenn Kinder sich stundenlang in virtuellen Scheinwelten am Computer aufhalten - aber wir selbst tun etwas Ähnliches: Wir halten uns die überwiegende Zeit in einer rein gedachten Welt auf. Denn Vergangenheit und Zukunft existieren nicht, sie sind nur Hilfskonstruktionen unseres Bewusstseins. Egal, wie weit du reist oder wo auch immer du suchst - nirgendwo auf der Welt wirst du das Kind finden, das du einmal warst. Es ist nicht tot, und dennoch existiert es nicht mehr. Ebenso wenig kannst du das Morgen betreten oder den Menschen treffen, der du in fünf Jahren sein wirst.

Natürlich ist es wichtig, aus Vergangenem zu lernen, Dinge zu planen und die Zukunft günstig zu beeinflussen. Aber der größte Teil unserer Beschäftigung mit Vergangenheit und Zukunft besteht nicht aus diesen sinnvollen Tätigkeiten, sondern aus Ängsten und Sorgen, oder dem Hadern mit Dingen, die längst vorbei sind. Auf diese Weise verpassen wir die einzige Chance, Momente der Freude zu erleben. Denn sie finden nur im gegenwärtigen Augenblick statt, oder eben gar nicht.

Der jetzige Augenblick hat sogar die Macht, die Vergangenheit zu verändern. Das kannst du schwer glauben? Und doch geht es! Die Vergangenheit besitzt keine eigene Wirklichkeit mehr, sondern sie existiert lediglich noch in ihren Auswirkungen auf die Gegenwart. Wenn wir unsere Gegenwart verändern, wenn wir hier froher und zufriedener werden, dann beendet dies die unguten Auswirkungen der Vergangenheit. „Indem wir unsere Gegenwart umwandeln, verwandeln wir auch unsere Vergangenheit", sagt Thich Nhat Hanh daher zu Recht. Das Vergangene hat sich also tatsächlich verändert: Es hat seine Kraft verloren!

Immer wieder ins Hier und ins Jetzt zu kommen, dazu verhilft dir innerhalb weniger Minuten die einfache Körperübung aus Kapitel 5. Denn sie umgeht den analysierenden, theoretisierenden, bewertenden Verstand und aktiviert deine Sinne. Über sie kommst du am schnellsten in den gegenwärtigen Moment, denn sinnliche Wahrnehmung funktioniert ausschließlich in der Gegenwart. Um dich im Alltag daran zu erinnern, gegenwärtig zu werden oder die kurze Körperübung zu machen, kannst du dir auch einen Zettel mit der Notiz „Hier! Jetzt!" an den Kühlschrank hängen, oder sie auf deinem Desktop platzieren.

6. Energieräuber entmachten – Kraftquellen erschließen

Zur Genesung brauchen wir alle Kraft, die wir aufbringen können. Viel von unserer Energie verschwenden wir aber erstaunlich bereitwillig. Zum Beispiel, indem wir zu viel Zeit mit Menschen verbringen, die uns Kraft und Nerven rauben. Oder indem wir uns ausführlich über Dinge ärgern und grämen, die wir nicht ändern können. Hier wartet oft viel Ballast darauf, endlich abgeworfen zu werden, damit wir das freiwerdende Potenzial für das nutzen können, was uns *wirklich* gut tut und heilt.

Prüfe deine Beziehungen und Tätigkeiten im Alltag einmal darauf, ob sie dir Energie geben - oder ob sie deine Kraft auslaufen lassen wie Wasser aus einem undichten Gefäß! Nimm zunächst das Verhältnis zu Verwandten und Freunden unter die Lupe: Gibt es Begegnungen, Gespräche oder Telefonate, nach denen du dich jedes Mal ausgelaugt, überreizt oder wütend fühlst? Du musst solche problematischen Beziehungen nicht gleich beenden, dies ist oft ein eher belastender Schritt. Aber du darfst Kontakte mit Menschen, die deine Kraft fressen, stark reduzieren, und du kannst fruchtlose Diskussionen zu den ewig gleichen Themen einfach abstellen.

Wenn du nach beinahe jedem Telefonat oder Treffen mit einer bestimmten Person ein schlechtes Gefühl hast, überlege dir, wie viel Zeit du diesem Menschen zukünftig schenken möchtest. Lege vor dem nächsten Anruf eine Gesprächsdauer - zum Beispiel zehn Minuten - fest. Sage der Person dann freundlich: "Du, ich muss leider gleich los, lass uns ein andermal weiterreden!“. Für persönliche Treffen und Einladungen kannst du ebenfalls eine maximale Dauer einplanen. Beende das Treffen zur geplanten Zeit unter einem Vorwand („Ich hatte ja vorher schon angekündigt, dass ich gleich noch weg muss. Wir müssen uns deshalb für heute verabschieden.“) Auch die Häufigkeit von Treffen oder Einladungen kannst du reduzieren, sofern sie dich anstrengen. Verwandte reagieren hier oft nicht sehr verständnisvoll, doch das darfst du aushalten. Für deine Gesundheit ist es entscheidend, dass du deine eigenen Bedürfnisse an erste Stelle setzt. Du musst deine Kräfte verteidigen gegen Menschen, die sie gedankenlos für sich in Anspruch nehmen wollen. Dies gehört zur Fürsorge für deinen Körper und deine Seele dazu, die ein Recht darauf haben, dass du gut auf ihre Ressourcen achtest.

Meide außerdem in Gesprächen diejenigen Themen, die dich ärgern und bei denen es erfahrungsgemäß nie zu einem Ergebnis kommt: zum Beispiel die Politik, deine Weltanschauung, die Familie, oder den Klassiker: die Erziehung deines Kindes. Wenn dein Gesprächspartner damit anfängt, sage freundlich: „Ach, darüber möchte ich jetzt nicht sprechen." Wechsele dann höflich, aber abrupt das Thema. Steige auch nicht mehr darauf ein, wenn der Andere trotzdem hartnäckig zu seinem Lieblingsthema zurückkehren will, was anfangs meist der

Fall sein wird. Wiederhole freundlich und nach dem Leierkasten-Prinzip: "Wie gesagt, lass uns darüber jetzt nicht sprechen!" Gib deinem Gegenüber keine Möglichkeit, irgendwo einzuhaken. Rechtfertige dich deshalb auch nicht, erkläre nichts und wirb nicht um Verständnis für deine Haltung!

Du musst nicht von jedem verstanden werden. In manchen Punkten kommen Menschen nicht zusammen, und das müssen sie auch nicht. Bleibe schlicht bei deinem Satz, dass du über dieses Thema nicht reden möchtest. Bei eher dickfelligen Zeitgenossen (oder hartnäckigen Schwiegermüttern) kann es nötig sein, dies viele Male freundlich und ohne weitere Diskussionen zu wiederholen, bis es schließlich ankommt.

Vielleicht bist du aber auch jemand, der sich schnell aufregt: über den Raser, der rücksichtslos vor dir einschert, die Schlange im Supermarkt, die Trödelei deines Kindes, den ungerechten Chef oder zänkische Nachbarn. Du glaubst, eine gereizte Reaktion sei hier normal und unvermeidlich. Aber bedenke, dass nicht alle Menschen in derselben Situation so reagieren wie du. Es gibt also offenbar doch Alternativen! Du kannst zwar im Alltag nicht alles beeinflussen, was geschieht - du kannst aber entscheiden, wie du darauf reagierst! Gleiche Situationen lösen mit etwas Übung nicht länger die immer gleiche Reaktion aus, sondern eine neue, gelassenere und für dich gesündere. Diesen Prozess nennen Neurologen „kognitive Umstrukturierung“.

Erlaube anderen Menschen oder bestimmten Situationen also nicht länger, über deine Stimmung zu entscheiden! Behalte selbst die Hoheit über deine Gefühle und Reaktionen. Du bist kein Hampelmann, bei dem man nur am Bändchen ziehen muss, damit er bereitwillig zu zappeln beginnt. Bleibe lieber souverän und investiere keine Energie in Menschen oder Dinge, bei denen dies nichts bringt. Beantworte also zum Beispiel Aggressionen oder Vorwürfe von Kollegen, Verwandten oder streitsüchtigen Nachbarn möglichst nicht mit Wut, sondern bleibe kühl, ruhig und sachlich, auch wenn dies anfangs noch schwer fällt.

Vielleicht gehörst du zu denjenigen Menschen, die glauben, sich mal kräftig aufzuregen oder laut zu werden, habe eine reinigende Wirkung und tue ihnen gut. Doch genau das Gegenteil ist der Fall! Emotionen, die wir immer wieder ungebremst ausleben, verstärken wir sogar. Denn unser Gehirn übt diese Reaktionen ein, es trainiert sie also unfreiwillig. Deshalb häufen sie sich eher, als sich abzuschwächen. Sicher hast auch du schon gemerkt, dass deine Wut weder weniger noch seltener wird, weil du sie ausagierst. Du fühlst dich anschließend auch nicht wirklich besser, sondern im Gegenteil: Der innere Aufruhr und das schlechte Gefühl hängen dir noch eine ganze Weile nach. Und jedes Mal sorgt die Überschwemmung mit Stresshormonen wieder dafür, dass Herz, Immunsystem und viele andere Bereiche sehr belastet werden.

Dies heißt nun keineswegs, dass du Ärger wegdrücken solltest. Dies wäre eine lediglich nach innen gerichtete, ebenso schädliche Aggression. Sondern die beste Reaktion auf deine Aufregung oder Wut ist Achtsamkeit: das Gefühl also aufmerksam zu beobachten, und zwar möglichst neutral und ohne es zu bewerten. Wut ist nicht schlecht oder falsch, und sie muss auch nicht unterdrückt werden. Sie darf sein, sie ist ganz natürlich. Schaue sie dir an, wie du eine aufziehende, dunkle Wolkenwand am Himmel betrachtest: anfangs etwas beunruhigt, bald aber schon wieder recht desinteressiert. Die Wut ebbt dann bald ab, denn wir können starke Emotionen nicht lange aufrecht erhalten - ein Schutz-Mechanismus, den die Natur uns mitgegeben hat. Schon nach einigen Minuten wird das Gefühl schwächer, ohne Schaden anzurichten. Gratuliere dir anschließend dafür, dass du selbst die Kontrolle über deine Emotionen behalten und niemand Anderem erlaubt hast, dich fernzusteuern!

Energie, die wir dringend brauchen, verlieren wir aber nicht nur durch negative Gefühle, sondern auch durch ständige Eile und Ungeduld. Dazu neigen wohl die meisten von uns: Wir sind immer latent unter Zeitdruck und daher in bestimmten Situationen schnell entnervt. Versuche es jetzt mit einer neuen Strategie: mit Akzeptanz! Ja, es ist Stau. Ja, du hast eine Kassenschlange erwischt, bei der es nur langsam vorwärts geht. Deine Aufregung und der dringende Termin werden daran rein gar nichts ändern. Du darfst deinem Körper die belastende Stressreaktion also genauso gut ersparen, oder?

Die unfreiwillige Auszeit kannst du sogar positiv nutzen: um kurz wieder zu dir selbst und zur inneren Ruhe zu kommen. Dies ist die perfekte Gelegenheit, die einfache, heilsame Körperübung zu machen, die ich dir im Kapitel „Heilung beginnt jetzt" erläutert habe. Es wird dir gerade eine kleine Pause geschenkt, die du ohne schlechtes Gewissen genießen darfst! Es wird dir sicher nicht von heute auf morgen oder in jeder Situation gelingen, hier mit Akzeptanz zu reagieren, aber mit etwas Übung wird es immer häufiger klappen. Wenn du anfangs innerlich trotzdem noch sehr unter Druck bist: Stelle dir kurz das Schlimmste vor, das durch deine Verspätung geschehen kann. Erkenne, dass dies zwar sehr ärgerlich, peinlich oder unangenehm ist - aber nicht halb so große Auswirkungen haben wird, wie du jetzt glaubst. In ein paar Wochen wirst du dich nicht einmal mehr an diese Situation erinnern können!

7. Die Natur: Rückverbindung mit den Elementen

Ein wesentlicher Bestandteil meines eigenen Heilungswegs war die Berührung mit der Natur. Denn der direkte Kontakt mit ihr hat eine Wirkung auf Seele und Körper, die oft sehr unterschätzt wird. Dass wir ein Teil der Natur sind, ist für Viele eine selbstverständliche Binsenweisheit, die wir aber nur selten wirklich erfahren. Der unmittelbare Kontakt mit Gras, Wasser, Steinen, Erde, Wind und Sonne ist uns abhandengekommen oder wird für die Ferien aufgespart. Das ist ein großer Verlust. Denn wenn wir uns nur noch in einer steinernen Welt aus Häusern, Bürgersteigen, asphaltierten Straßen oder in Fahrzeugen aller Art bewegen, schneiden wir uns selbst ab von den Elementen. Wir kappen unsere Wurzeln, und das schwächt auch unsere Selbstheilungskraft spürbar. Die Verbindung zur Natur immer wieder neu zu knüpfen, dafür gibt es keinen Ersatz.

Der Anblick des Abendhimmels über einem Wald, der winzigen weißen Blüten auf einem Moospolster oder eines schwerelosen Wasserläufers auf einem Tümpel – all dies bringt uns wieder in Verbindung mit dem fast vergessenen kindlichen Staunen, mit der Freude, die in uns schlummert, mit unseren inneren Kraftquellen. Wir sind ein lebendiger Teil des Gesamt-Organismus' der Natur. Dies ist kein abgehobener Öko-Gedanke, sondern sehr real.

Irreal ist vielmehr der Gedanke, wir kämen längere Zeit ohne diese Verwurzelung in der Natur aus.

Deshalb müssen Körper und Seele regelmäßig die Möglichkeit haben, wieder in Berührung mit den Elementen zu kommen. Ohne sie sind wir wie amputiert, Körper und Seele verlieren Kraft. Umgekehrt bringen wir aus der Begegnung mit der lebendigen Natur immer etwas mit, das eine Zeitlang nachwirkt, auch wenn wir dies im Alltag nicht bewusst bemerken. Wir tragen die Bilder, aber auch den emotionalen Nachhall der Berührung mit Wind, Licht, Erde und Pflanzen noch eine ganze Weile weiter mit uns. Wir haben mehr Energie, die Stimmung ist positiver, kurz: Wir haben „aufgetankt".

Auch Ärzte, die parallel zur medizinischen Behandlung die geistigen Ressourcen ihrer Patienten aktivieren wollen, empfehlen den Kontakt mit der Natur.[9] Mit diesem Kontakt ist jedoch nicht gemeint, dass du joggen oder mit dem Hund Gassi gehen, mit dem Mountainbike trainieren oder Geocaching betreiben sollst. All diese Dinge können gesund, gut für die Fitness oder auch unterhaltsam sein. Doch jetzt ist entscheidend, dass du öfters auch absolut zweckfrei in Wald und Feld unterwegs bist. Gehe am besten allein, denn Gespräche lenken

---

[9] So auch der Arzt Prof. Dr. med. Gerd Nagel, der selbst an Krebs erkrankt war und (begleitend zur schulmedizinischen Therapie) u. a. durch die Rückverbindung zur Natur seine inneren Heilkräfte weckte und gesund wurde. S. ZDF-Doku „Die Heilkraft des inneren Arztes"
(https://www.youtube.com/watch?v=M3O_hxmUmbI).

ab und machen es unmöglich, ganz still zu werden und zu dir selbst zu kommen. Gehe langsam und versuche, die Gedanken nicht allzu sehr abschweifen zu lassen. Bewerte auch nicht, was du siehst, sondern nimm einfach wahr - fast wie in der Meditation.

Tu', wozu du Lust hast, auch wenn es vielleicht etwas eher Unübliches ist: Stapfe abseits der Wege quer über eine Wiese oder durch den Wald. Setze dich auf einen Baumstumpf, lege dich auf den weichen Nadelboden eines Fichtenhains, oder auf das kühle Gras einer abendlichen Wiese. Du kannst auch die Schuhe ausziehen, die Füße im Wasser eines Bachs baumeln und sie in der Sonne trocknen lassen, auf der weichen Erde eines Waldpfads laufen, die Kühle des Bodens und der Steine spüren. Berühre Moos, Blätter, die Rispen der Gräser mit den Händen, zerreibe Wiesenkräuter und rieche daran, belausche einen Vogel, der mit seiner Melodie ein Weibchen umgarnen oder seine Reviergrenzen hinausrufen will.

Egal, was du machst: Geniere dich nicht vor dir selbst! Alles ist erlaubt, alles darf ausprobiert werden. Sei wieder so neugierig, verspielt und impulsiv wie ein Kind, das staunt und sich begeistert: über den Anblick einer Baumkrone von unten, deren Astgeflecht sich vor dem Himmel abzeichnet, über das Rauschen der Bäume bei einer Windböe, über den flauschigen Bauch eines Rotkehlchens, über das friedliche Summen der Insekten. Du wirst bald kleine Momente einer unerwarteten und scheinbar grundlos aufsteigenden Freude erleben. Vor allem bei einer gravierenden oder belastenden Erkrankung solltest du daher so oft wie möglich zu dieser heilsamen Berührung mit der Natur kommen. Sie ist das direkte Tor zum Geist, der hier so leicht erfahrbar ist, wie an kaum einem anderen Ort.

8. Sich freuen ist gesund!

Krankheit kann sehr belasten, und auch der Heilungsweg ist manchmal recht mühsam. Deshalb sollte ein besonders wichtiger Bestandteil des Lebens jetzt nicht zu kurz kommen oder gar auf später vertagt werden: die Freude! Am zuverlässigsten findest du sie auf zwei Wegen. Einen davon habe ich schon beschrieben: die Achtsamkeit. Wenn du so oft wie möglich ganz gegenwärtig bist, erlebst du fast von selbst Momente spontan aufblitzender Freude. Einfach weil du lernst, genauer, liebevoller und geduldiger hinzuschauen. Und weil die schönen, aber oft unscheinbaren Dinge des Lebens nur so die Gelegenheit bekommen, in dein Wahrnehmungsfeld zu rücken. Ein zweiter, sehr sicherer Weg zur Freude führt über die Kreativität.

Auch zu meinem eigenen Heilungsweg gehörte das Schöpferische als entscheidendes Element mit dazu. Selbst etwas zu erschaffen macht fast von selbst froh und ist daher sehr heilsam. Denn etwas von uns, das sonst in unserem Inneren schlummern müsste, darf leben und sich ausdrücken – und dies ist eine der Definitionen von Glück! Umgekehrt kann ungelebte, unterdrückte Gestaltungskraft Krankheiten begünstigen. Denn das Schöpferische gehört zum Menschen dazu und ist Bestandteil jedes vollständigen, in sich runden Lebens. Keine Sorge, du musst dafür keine besonderen Talente haben, und du musst auch nicht aus purer Verzweiflung einen Töpferkurs belegen. Jeder Mensch besitzt

Kreativität in irgendeinem Bereich. Sie sucht uns förmlich, wenn wir aufhören, sie zu blockieren.

Wichtig ist allein, dass deine Kreativität Ausdruck für etwas Eigenes und Persönliches ist, dass sie dich also wirklich selbst betrifft. Sie sollte innere Bilder und Emotionen ausdrücken, vielleicht auch Sehnsüchte, und sie sollte dir ein gutes Gefühl geben. Vielleicht wolltest du schon immer Klavier oder Gitarre spielen? Dann nimm jetzt Unterricht, das tun viele Erwachsene. Du wärest gern Schriftsteller? Schreibe einen Blog oder veröffentliche ein eBook! Versuche dich in abstrakter Malerei und wähle Farben und Formen, die dir intuitiv einfallen, egal ob das Ergebnis nun „künstlerisch wertvoll" ist oder nicht.

Für mich war es das Schreiben eines Tagebuchs am PC, das mich sehr unterstützte und mir fast täglich neue, unerwartete Sichtweisen zu meiner Krankheit, aber auch zu meinem Leben allgemein verschaffte. Ich notierte immer wieder kurz meine Gedanken, Hoffnungen, Ängste, meine Fortschritte, Rückschläge oder auch Aha-Erlebnisse. Ich schrieb auch kurze Zitate hinein, die mir halfen, etwas Wichtiges zu verstehen, oder fügte kleine Bilder ein, die mich besonders angesprochen hatten.

Wenn ich heute zurückblättere, bin ich erstaunt, wie viel sich im Laufe der Zeit bei mir veränderte, wie viel Gutes und Neues meine Erkrankung angestoßen hat. Schreiben hat zugleich immer auch eine therapeutische Wirkung, weil wir damit unsere Gefühle besser fassen und verstehen können, was klärend und ordnend auf unsere Seele wirkt. Und Spaß macht es ganz nebenbei auch noch!

Wenn du aber im Moment wegen deiner Krankheit nur wenig Energie hast, darfst du ganz ungeniert auch die Kreativität Anderer nutzen, um dich schlicht und einfach daran zu erfreuen: zum Beispiel die Kunst. Probiere dies ganz spielerisch aus: Wähle beim Gang durch eine Ausstellung oder ein Museum (oder auch beim Blättern durch einen Kunstband) intuitiv ein Lieblingsbild. Versuche zu verstehen, warum es dich am meisten von allen Bildern angesprochen hat. Du kannst dies auch gemeinsam mit deinem Partner oder einer Freundin tun, so dass jeder beschreibt, warum ihn ein bestimmtes Bild mehr berührt hat als andere.

Du kannst sehr gut auch die heilsame Kraft der Musik nutzen. Musik wirkt so unmittelbar wie kaum etwas Anderes auf Körper und Seele, weil sie den Verstand einfach umgeht. Diese Wirkung kann sogar bei schwerster Erkrankung erstaunlich heilsam wirken[10]. Wichtig ist, dass du intuitiv Songs, Stücke oder Musikrichtungen wählst, die dich sehr ansprechen. Die richtige Musik hilft nicht nur bei Erkrankungen, sondern zum Beispiel auch bei Stress oder beginnenden Erschöpfungszuständen. Während einer sehr belastenden Phase, bei der ich körperlich völlig ausgelaugt war, war es förmlich meine Ret-

---

[10] Dies zeigt das Beispiel des an Krebs erkrankten Cellisten Dominik Polonski, vorgestellt in der Filmdokumentation „Das Geheimnis der Heilung" von Joachim Faulstich (https://www.youtube.com/watch?v=kyPpFyrgZAk).

tung, jeden Tag Musik zu hören - etwas, für das ich mir sonst kaum Zeit nehme. Mit meiner ganz persönlichen Musiktherapie wurde das Gefühl von körperlicher Schwäche und völliger Energielosigkeit im Laufe einiger Wochen allmählich schwächer und verschwand schließlich ganz.

Egal ob Klassik, Jazz, Volksmusik oder Hard Rock - höre einfach auf deinen Bauch: Wähle Stücke, die dir jetzt guttun! Sie müssen nicht unbedingt fröhlich sein, um dir Freude zu machen. Sie können auch getragen, ernst, sentimental oder auf andere Art berührend sein. Sie dürfen aber natürlich auch heiter oder aufmunternd klingen und einfach gute Laune machen.

Es gibt aber natürlich auch viele andere Dinge, die Freude machen. Höre auf deine Intuition! Finde heraus, was bei dir selbst am leichtesten ein Gefühl von Enthusiasmus, also Begeisterung kombiniert mit starkem Interesse, auslöst. Egal, was das ist: Wenn du dich freuen willst, warte damit nicht, bis du wieder gesund bist. Im Leben ist nie alles heil, alles perfekt, alles fertig. Schiebe die Freude nicht länger auf! Du wirst die unerwartete Erfahrung machen, dass echte Freude erstaunlich wenig mit äußeren Umständen oder sogar deiner Krankheit zu tun hat.

Teil II Zusammenfassung

Die erste Säule der Heilung betrifft eine „Neujustierung“ des Lebenskompasses in acht Bereichen:

1. Selbstermächtigung: Wir sind der Hausherr/die Hausherrin im eigenen Körper! Wir delegieren diese Verantwortung nicht länger an Andere.

2. Wir dürfen unserem Körper vollständig vertrauen. Er tut alles, damit wir gesund bleiben. Ein inneres Gespräch „unter Freunden“ mit einem körperlichen Symptom verrät oft dessen eigentliche Ursache.

3. Heilsame Paradoxe: Das innere „Ja“, lindert die mit einer Krankheit verbundenen Ängste. Der Dank hilft, ungute Erlebnisse aus der Vergangenheit loszulassen.

4. Meditation oder Achtsamkeitstraining ermöglichen dir einen zutiefst erholsamen Kurzurlaub mitten im Alltag.

5. Zu Hause sein in der Gegenwart: Dein Leben findet nur jetzt statt, oder es findet gar nicht statt.

6. Kraftraubende Situationen können wir mit gesundem Egoismus entschärfen. Dies setzt Energien frei, die wir für die Heilung benötigen. Wir sind Herr über unsere Emotionen und gestatten nicht länger Anderen, sie zu steuern.

7. Freude und Kreativität sind Heilquellen: Inneres darf leben und sich ausdrücken! Um schöpferisch zu sein, benötigen wir kein besonderes Talent.

8. Die Begegnung mit der Natur mit allen Sinnen ist kein Luxus, sondern entscheidend für die Heilung! Sie beendet unsere unnatürliche Abspaltung von den Elementen, die ein realer Teil unseres Körpers und unserer Lebendigkeit sind.

Teil III
Die zentralen Heilübungen

Die Licht-Übung – der Alleskönner!

Die zweite Säule der Selbstheilung stellt den eigentlichen Kern meiner Methode dar. Sie besteht aus drei zentralen Übungen, die einfach, aber sehr effektiv sind. Sie sollten täglich angewendet werden, damit sie ihre Wirkung entfalten können. Die Übung, die ich dir als Erstes erläutere, die „Zentrale Lichtübung", hat dabei die stärkste Heilwirkung. Sie ist das unverzichtbare Basic, das Herzstück meines Programms. Sie kann bei jeder Krankheit angewendet werden und benötigt nur wenige Minuten!

Weil der Zugang zu unserem inneren Heiler am einfachsten und unmittelbarsten über innere Bilder, über Emotionen und Symbole erfolgt, hat die Übung einen stark imaginativen Charakter. Das Bildhafte an ihr ist jedoch kein Selbstzweck. Sondern es macht etwas erfahrbar, das von seinem Wesen her gestaltlos und mit Worten nicht zu erfassen ist.[11] Nicht die innere Vorstellung allein heilt, sondern sie macht uns für etwas durchlässig, das ungreifbar, aber dennoch real ist, und dass sofort zu wirken beginnt.

[11] Dass Bilder Unsichtbares erfahrbar machen, wissen auch die Religionen - ihre Rituale und Symbole sind nichts Anderes als der Versuch, sich dem Unsagbaren anzunähern und es fühl- und sichtbar zu machen.

Zentrale Licht-Übung

Nimm dir zehn Minuten Auszeit vom Alltag. Geeignet ist dafür die Zeit morgens kurz vor dem Aufstehen oder auch eine kleine Pause mittags oder nach Feierabend. Notfalls kannst du sie auch beim abendlichen Zubettgehen machen, doch hier ist die Gefahr recht groß, dass du einschlummerst, bevor du fertig bist.

Lege dich auf dein Bett, die Couch oder auf den Boden und schließe die Augen. Um zur Ruhe zu kommen, zähle sehr langsam rückwärts von 3 bis 0. Drei steht für die innere Unruhe des oft hektischen Alltags, vergleichbar den kabbeligen Wellen eines Meeres. 0 steht für völlige Ruhe, wie bei der glatten Oberfläche eines stillen Waldsees. Werde beim Rückwärtszählen immer entspannter und friedvoller, bis du die 0 erreicht hast. Jetzt kannst du beginnen.

Stelle dir nun vor, wie vom Horizont her ein Fluss aus weißgoldenem Licht langsam auf dich zufließt. Er ist breit und mächtig, strömt aber ganz gemächlich und ruhig. Er erreicht dich und fließt von den Füßen her in dich ein. Er durchströmt die Füße bis ins Innerste, und füllt absolut jede Zelle mit Licht, egal wie verborgen sie ist. Der Lichtfluss steigt nun langsam in deinem Körper auf, fließt hell und heilend in die Knie, Oberschenkel, den Bauch, durchströmt alle inneren Organe und auch die Wirbelsäule.

Nachdem der gesamte Rumpf von Licht erfüllt ist, fließt dieses nun auch in die Hände, steigt in die Arme, die Schultern, den Hals und den Kopf auf. Am Scheitel tritt es schließlich wieder aus. Die ganze Zeit über fließt neues Licht über die Füße ein, du liegst also mitten in diesem weißgoldenen Fluss. Mit etwas Training wirst du das Fließen bald sogar körperlich spüren können, als leichte, langsam aufsteigende Empfindung.

Ist schließlich der ganze Körper von den Füßen bis zum Kopf vom Licht durchströmt, stelle dir vor, wie es alles mitnimmt und fortspült, was dort nicht hingehört: ungute Zellen (bei Krebs oder zur Vorbeugung), Krankheitserreger, Schleim (z. B. bei Asthma), Ablagerungen in den Arterien, Muskelverspannungen, Entzündungen jeder Art. Das Licht erfasst alles und durchdringt restlos alles - fast so, als sei dein Körper aus Glas oder Kristall. Nichts Störendes oder Dunkles kann sich jetzt noch halten.

Hast du akute Beschwerden oder eine Erkrankung in einem bestimmten Bereich, lass eine Extra-Portion Licht dorthin strömen - bade den betreffenden Körperbereich förmlich darin. Stelle dir die erkrankten Körperteile zum Abschluss hell, frei, klar und völlig gesund vor. (Bei meinem gutartigen Schilddrüsenknoten stellte ich mir vor, wie das Licht ihn jedes Mal wieder ein Stückchen mehr abtrug und wegschwemmte. Und tatsächlich war er beim nächsten Checkup verschwunden!).

Es ist wichtig, diese Übung, die das Herzstück meiner Heilmethode ist, zweimal täglich anzuwenden. Sie wirkt nicht nur heilend oder lindernd bei Krankheiten, sondern auch vorbeugend. Ich selbst mache die Übung daher täglich und auch in Zeiten, in denen ich keine gesundheitlichen Probleme habe.

Falls du religiös bist, kannst du dir vorstellen, dass das weiß-goldene Licht direkt aus Gott herausströmt, durch dich hindurchfließt und am Schluss wieder in ihn mündet.[12] Das Bild vom heilenden Lichtfluss kann die Kraft Gottes für dich konkret erlebbar machen. Du beanspruchst aber dieses Licht nicht, als hättest du ein Recht darauf - sondern bittest vor jeder Übung kurz darum, dass du es für deine Heilung verwenden darfst.

Wenn du nicht religiös bist, macht das nichts. Im Kapitel „Was ist geistige Selbstheilung?", wurde schon deutlich: Geist, Gott, Höheres Selbst - dies sind alles nur Begriffe. Sie umschreiben etwas, das eigentlich namenlos und gestaltlos ist. Du kannst dir das Licht deshalb auch einfach als die alles ständig erneuernde Kraft vorstellen, die unaufhörlich durch die Natur und die Dinge der Welt fließt, und daher natürlich auch durch uns selbst, sofern wir es nur

---

[12] Der Kirchenlehrer Augustinus soll Gottes Liebe so definiert haben: „Ich will, dass du bist!" Gott erfreut sich danach an unserem Lebendigsein, er will nicht unseren Tod, selbst wenn die Natur Krankheit hervorbringen kann. Der Heilwille Gottes wird im Christentum auch in den zahlreich überlieferten Heilungen Jesu und seiner Jünger offenbar.

zulassen. Mit der Licht-Imagination öffnest du dich für diese Kraft.

Trotzdem ist es auch hier wichtig, eine innere Haltung der Dankbarkeit zu bewahren: Nicht du erschaffst dieses Strömen des Lebens, und nicht du allein besitzt die Kraft, dich zu heilen, sondern sie wird dir geschenkt! Wenn du im Treibsand zu versinken drohst, kannst du dich auch nicht an deinen eigenen Händen dort herausziehen. Es würde dich zudem rasch erschöpfen, wenn du für die Licht-Methode deine eigenen, bei einer Erkrankung oft geschwächten Kraftreserven verwenden müsstest.

Händeauflegen bei dir selbst

Um die Heilwirkung zu intensivieren, kannst du zusätzlich zur Licht-Imagination eine weitere Übung anwenden: das Händeauflegen auf dem erkrankten Bereich. Denn was Viele nicht wissen: Dieses uralte, bewährte Ritual kann man auch bei sich selbst sehr wirksam praktizieren! Händeauflegen funktioniert tatsächlich, dies bestätigen inzwischen auch einige Wissenschaftler.[13] Du kannst natürlich auch bei deinem Partner, deinem Kind oder bei Freunden die Hände erfolgreich zur Heilung einsetzen. Jeder ist ein Heiler!

Beim Händeauflegen spielt nicht eine Licht-Imagination die Hauptrolle, sondern die Wahrnehmung einer heilenden Kraft, die wir über die Hände übertragen. Auch hier wird lediglich ein Bild und ein Ritual verwendet, um in Kontakt mit der geistigen Kraft zu kommen und eine starke Wirkung auszulösen. Dieses Ritual ist uralt: Heilende Gesten am Körper wie Druck, Streichen, das Auflegen oder in der Schwebe halten der Hände über dem erkrankten Bereich, kommen im traditionellen Heilwissen fast aller Kulturen vor. Auch hier handelt es sich offenbar nicht um etwas Erdachtes oder Erlerntes, sondern um ein intuitives Wissen. Und auf dieses kön-

[13] Der Neurobiologe Prof. Dr. Gerald Hüther findet es nicht überraschend, dass z. B. Wunden allein durch Handauflegen heilen. In Sachen Selbstheilung seien emotionale Reaktionen entscheidend. Alte Rituale führten zu einer Neu-Verschaltung im Gehirn, die die Heilung begünstige, so Hüther in einem TV-Interview.

nen und dürfen wir auch heute problemlos wieder zugreifen.

Auch beim Händeauflegen kommt die Kraft, die du in den erkrankten Körperbereich leitest, nicht aus dir selbst. Wenn du religiös bist, ahnst du, dass sie von Gott kommt. Wenn du nicht religiös bist, stelle dir auch hier vor, dass du die Lebenskraft, welche die ganze Natur unaufhörlich durchwirkt, mit deinen Händen sammelst, bündelst und in deinen Körper leitest.

Händeauflegen „am eigenen Leib"

Lege beide Hände auf den erkrankten oder schmerzenden Körperbereich. Zum Beispiel auf den Bauch, auf die Schläfen, auf ein Gelenk oder auf jeden anderen Bereich, der Beschwerden macht. Sie können übereinander, oder auch nebeneinander aufgelegt werden.

Schließe die Augen und stelle dir vor, wie die Hand-Innenflächen nach einigen Augenblicken beginnen, eine heilende Kraft auf den Körper zu übertragen. Diese Kraft fließt von außen über die Arme ein. Dies geht ganz mühelos, denn sie ist absolut unbegrenzt, es gibt mehr davon, als du überhaupt nutzen kannst. Die heilende Kraft ist immer da, und du kannst so viel davon nehmen, wie du brauchst.

Häufige Alltagsbeschwerden wie Rückenschmerzen oder Magendrücken reagieren sehr gut auf diese Methode, oft verschwinden sie nach ca. 20 bis 30 Minuten oder werden gelindert. Akute Entzündungen wie Halsschmerzen oder Wunden bessern sich deutlich schneller als üblich. Aber auch bei allen anderen Erkrankungen kannst du das Händeauflegen praktizieren. Es verstärkt die Wirkung der Licht-Methode, weil es den Fokus der Heilkraft noch einmal sehr intensiv auf den betroffenen Bereich legt. Mit etwas Übung wirst du bald sogar spüren, wie die Hände warm werden oder wie eine Kraft über die Hand-Innenflächen in den Körper strömt.

Auch hier gilt: Die Wörter "Kraft" oder "Energie" sind nur behelfsmäßige Begriffe. Das Händeauflegen und warum es wirkt, muss vom Verstand nicht völlig erfasst werden - es funktioniert einfach!

Händeauflegen bei Anderen

Du kannst natürlich auch anderen Personen aus deiner Familie oder dem Freundeskreis die Hände auflegen. Auch Kinder reagieren sehr gut darauf. Sie sind noch so vorurteilslos und offen, dass sie schnell davon zu überzeugen sind, dass „Heile-Hände" von Mama oder Papa ihnen gut tun. Sie lassen sich daher meist bereitwillig und vorurteilslos darauf ein[14]. Meine Tochter und ich haben auf diese Weise ihren hartnäckigen, über die Jahre chronisch gewordenen Dauer-Schnupfen geheilt, den der HNO-Arzt mit kortisonhaltigen Nasensprays und Spülungen nicht beenden konnte. Diese Heilung ging nicht von heute auf morgen, sondern dauerte etwa ein Jahr. Zwischendurch war ich daher längst nicht sicher, ob es klappen würde - aber langsam hörte der Schnupfen auf, zunächst nur für einige Wochen, später ganz.

Zugleich ist das Händeauflegen beim eigenen Kind eine sehr innige Zeit der Nähe, bei der wir Eltern fast nebenbei erfahren, was unser Kind gerade bewegt. Denn in Momenten, in denen Mutter oder Vater Zeit für sie allein haben, öffnen Kinder sich leichter. Sie beginnen oft von selbst, frei von der Leber weg zu erzählen. Auch dies ist heilsam und entlastet sie von Schulstress, Streit mit Freunden,

---

[14] Mehr zum Händeauflegen bei Kindern (als Begleitung zu den Maßnahmen des Kinderarztes) in meinem Artikel „Mamas heilende Hände" im Familienmagazin Urbia (https://www.urbia.de/magazin/gesundheit/kinder/mamas-heilende-haende).

Ängsten und anderen Herausforderungen des kindlichen Alltags.

Du kannst das Händeauflegen aber natürlich auch bei deinem Partner, der Partnerin, bei Verwandten und Freunden anwenden, sofern sie hierfür aufgeschlossen sind. In diesem Falle darfst du also ruhig selbst zur Heilerin oder zum Heiler werden, weil der Andere vielleicht noch nicht viel über die eigenen Ressourcen der Selbstheilung weiß. Zugleich solltest du nach einiger Zeit aber auch dazu anleiten, wie man sich selbst helfen kann. Selbst wenn dies nicht sofort bereitwillig aufgegriffen wird, entsteht so zumindest eine Ahnung davon, dass jeder Mensch Zugang zu heilenden Kräften hat. Eines Tages wird Derjenige vielleicht doch darauf zurückgreifen wollen.

Die Immun-Fit-Methode – Schluss mit ständigen Erkältungen!

Häufige Infekte sind ein sehr weit verbreitetes Problem. Glücklicherweise sprechen sie besonders gut auf das geistige Heilen an. Eine einfache und effektive Praxis der Infektabwehr ist meine „Immun-Fit-Übung", die das körpereigene Abwehrsystem sofort zur Hochform auflaufen lässt. Auch Ungeübte in Sachen Selbstheilung dürfen hier fast immer schnelle Erfolge erwarten.

Ich selbst wehre damit etwa neun von zehn Infekten schon bei den ersten Anzeichen ab. Früher war es umgekehrt: In den allermeisten Fällen wuchs sich eine Erkältung zu einem fetten Infekt aus, bei dem ich alles mitnahm, von Halsschmerzen bis zu vereiterten Nebenhöhlen und einem hartnäckigen Husten. Nicht selten musste ich ein Antibiotikum einnehmen. Heute werde ich oft über Jahre hinweg nicht mehr krank, sondern stoppe grippale Infekte beim ersten Halskratzen oder Husten. Sogar Infekte, die bereits begonnen haben, kann man oft noch bremsen und inh. von ein bis drei Tagen loswerden.

Viele Menschen glauben, der Stress sei schuld, wenn sie ständig grippale Infekte, Mandelentzündungen, Bronchitis oder vereiterte Nebenhöhlen bekommen. Doch was hilft dieses Wissen? Schließlich können wir den Stress nicht beliebig an- und ausknipsen. Aus Hilflosigkeit wird oft zu angeblich abwehrstärkenden Essenzen gegriffen, die jedoch nicht wirklich befriedigend helfen[15] und noch dazu teuer sind. Dabei ist effektive Hilfe längst da! Sie kostet nichts, und sie ist so leicht, dass die meisten Menschen kaum glauben können, dass so etwas Einfaches funktionieren soll. Die Methode benötigt nur ein paar Minuten und hilft nicht nur bei Erkältungen, sondern bei allen Erkrankungen, bei denen eine Aktivierung der Immunabwehr entscheidend ist.

Die Immun-Fit-Übung

Wenn du erste Anzeichen eines Infekts spürst, wie Halskratzen, trockenen Husten oder eine laufende Nase, sage innerlich klar und entschieden: "Dieser Körper ist mir *anvertraut! Ich bin hier der Hausherr/die Hausherrin! Auf gar keinen Fall erlaube ich, dass sich hier ungebetene Gäste breitmachen! Die müssen sofort raus!" Halte dieses Gefühl starker Entschlossenheit für einige Augenblicke und wiederhole die kurzen Affirmationen ein paarmal. Sei dabei wie ein Türsteher vor einer Diskothek, der ungebetenen Gästen breitschultrig und selbstbewusst den Eingang verstellt.*

Stelle dir nun vor, wie eine machtvolle, bis an die Zähne bewaffnete Armee von Immunzellen die Erreger mühelos überrennt und hinauswirft. Du kannst anschließend symbolisch die „Haustür“ hinter den Eindringlingen schließen und zufrieden zur Tagesordnung zurückkehren.

---

[15] Die Stiftung Warentest stellte mehrfach fest, dass viele gängige Pflanzenextrakte kaum eine Wirkung auf Schwere und Dauer einer Erkältung haben.

Sage danach innerlich: „Ich bin kerngesund!" Stelle dir vor, dass alle Schleimhäute frei, klar, rosig und fit sind, ohne jede Reizung oder Rötung.

Wende diese Methode mehrmals täglich für etwa ein, bis zwei Minuten an und sei dabei innerlich entschieden, wehrhaft und energisch, dies unterstützt den Erfolg! Gegenüber Krankheitskeimen darfst du eine Null-Toleranz-Haltung haben, sie haben in deinem Körper nichts zu suchen.

Diese kleine Übung geht überall und zwischendurch: am Schreibtisch, in der Kassenschlange des Supermarkts, an der Bushaltestelle, im Stau, an der roten Ampel. Höre damit auch nicht auf, wenn zunächst keine Besserung zu kommen scheint. Mache zusätzlich die zentrale Licht-Übung, zum Beispiel morgens vor dem Aufstehen oder abends vor dem Schlafengehen. Stelle dir dabei vor, wie das weiß-goldene Licht alle Viren und Bakterien aus der Nase, dem Hals, den Bronchien wegspült, und wie alle Schleimhäute wieder reizfrei sind und sich pudelwohl fühlen.

Du kannst auf diese Weise Erkältungen oft bei den ersten Anzeichen stoppen. Ist ein Infekt bereits im Gange, kannst du trotzdem seine Dauer stark verkürzen. Sprich in dieser Zeit auch gegenüber Freunden, Kollegen und der Familie nicht allzu viel über die Erkältung. Sage auf Nachfragen: „Ach, das ist nichts! Ist schon fast wieder weg!“ Sich gar nicht erst mit der Erkältung zu identifizieren, sich innerlich nicht auf sie einzulassen, ist sehr wichtig. Die Erkältung gehört nicht zu dir, deshalb brauchst du ihr auch keinen Platz in deinem Leben und Denken einzuräumen!

Dass geistige Selbstheilung gerade in Sachen Infektabwehr besonders gut funktioniert, ist keine Zauberei, sondern der Beleg dafür, wie stark der Geist auf das Immunsystem wirkt. Wissenschaftler konnten beobachten, dass die Zahl der Immunzellen durch solche Visualisierungen ansteigt. Die Immunstärke-Übung unterstützt aber auch bei Krebs und anderen Erkrankungen, deren Heilung auf einem starken Immunsystem basiert. Stelle dir auch hier vor, wie deine Armee aus Abwehrzellen unerwünschte Zellen vernichtet und aus deinem Körper fegt.

Wie bei den anderen Basics der Selbstheilung ist es auch bei der Immunstärke-Übung sehr wichtig, dass du eine starke innere Entschiedenheit in die Übung legst: sei gegenüber den Erregern (oder bösartigen Zellen) selbstbewusst und kompromisslos! Lass innerlich keine Alternative zur Heilung zu. Dein Körper wünscht sich, und ist sogar darauf angewiesen, dass du dich für ihn im wahrsten Wortsinn stark machst!

Teil III Zusammenfassung

Die zweite Säule meines Selbstheilungsprogramms fußt auf drei zentralen Heilübungen:

1. Unverzichtbares Basic bei jeder Erkrankung: die Zentrale Licht-Übung. Sie ist das Herzstück meiner Methode. Sie wirkt nicht nur heilend, sondern auch vorbeugend.

2. Händeauflegen bei dir selbst: Diese wirksame Technik nimmt den erkrankten Bereich intensiv in den Fokus und verstärkt so die Wirkung der Licht-Übung.

3. Bei Infekten, Entzündungen oder auch Krebs aktiviert die Immun-Fit-Übung das körpereigene Abwehrsystem schnell und effektiv.

Teil IV

Dein persönliches Heilprogramm

Der Taschenheiler für jeden Tag

In den vergangenen Kapiteln habe ich die zwei Königswege der Selbstheilung vorgestellt: die *innere Neu-Orientierung* auf der einen, und die *konkreten Heilübungen* auf der anderen Seite. Diese beiden Wege können wir jetzt zu deinem persönlichen Selbstheilungs-Programm zusammenführen. Du kannst noch heute damit beginnen! Es besteht aus täglichen Basics sowie aus variablen Elementen, die du nach Vorlieben, Interessen und Zeit ausfüllen kannst.

Die zentrale Licht-Übung, das Händeauflegen und die Meditation oder Körperwahrnehmungsübung bilden dabei den Kern. Sie sind die unverzichtbare Basis, und du solltest sie möglichst keinen Tag auslassen, wenn deine Selbstheilung effektiv sein soll. Die weiteren Punkte sind ebenfalls essenziell wichtig, lassen sich zeitlich aber nicht so exakt festlegen. Sie können geübt werden, wann immer die Möglichkeit dazu besteht.

Mein Programm zur Selbstheilung ist sehr einfach. Aber einfach bedeutet nicht mühelos! Die Übungen wirken nur, wenn du damit ernst machst. Es reicht nicht aus, sie nur auszuprobieren. Wir können den inneren Heiler nur aktivieren, wenn wir es aus ganzer Seele wollen. Du musst nicht felsenfest an das geistige Heilen glauben - aber du musst felsenfest entschlossen sein, diesen Weg zu gehen!

Dein Praxis-Programm

Zweimal täglich

Die zentrale Licht-Übung
Dauer: 5 bis 10 Minuten

Händeauflegen auf dem erkrankten Bereich
Dauer: 3 Minuten

Die Immunstärke-Methode (bei Infekten, Entzündungen, Krebs)
Dauer: 1 bis 2 Minuten

Einmal täglich

Meditation, innerlich nach Hause kommen, das vertrauensvolle innere „Ja" üben
Dauer: 20 bis 40 Minuten

Körperwahrnehmungs-Übung: Alternative für Meditations-Muffel, Vier langsame Durchgänge
Dauer: insgesamt etwa 8 Minuten

Mehrmals pro Woche

Langsamer, zweckfreier Spaziergang im Wald oder Feld, im Garten, am Flussufer. Fühlen, schauen, berühren wie ein neugieriges Kind

Dauer: beliebig

So oft wie möglich

Achtsamkeits-Training: Im Alltag bewusst immer wieder in den gegenwärtigen Moment kommen
Dauer: beliebig

Nischen für Freude und Kreativität im Alltag schaffen, zum Beispiel durch Schreiben, oder mit Musik und Kunst
Dauer: beliebig

Coaching auch für den Körper

Bei der geistigen Selbstheilung haben wir uns bisher sehr auf innere Vorgänge konzentriert. Doch auch der Körper darf natürlich nicht vernachlässigt werden. Denn geistiges Heilen schließt eine fürsorgliche, liebevolle Zuwendung zum Körper natürlich mit ein. Welche Art der Unterstützung dein Körper braucht, verrät dir dabei oft schon der gesunde Menschenverstand. Frage dich zum Beispiel: Ist deine Nahrung so wertvoll, dass sie den Körper nährt, ohne ihn zu belasten, und zugleich seine Heilung fördert? Für die meisten Gesundheitsprobleme ist eine pflanzenbasierte Nahrung mit wenig Fleisch, Zucker, Weißmehlprodukten und Fett am besten geeignet.

Reicht auch deine tägliche Bewegung aus, damit deine Muskeln geschmeidig bleiben und zum Beispiel der Rückenschmerz sich bessern kann? Sogar bei Verschleißerscheinungen, Bandscheibenvorfällen und anderen gravierenden Rücken- oder Gelenkproblemen kann man oft weitgehende Beschwerdefreiheit erreichen mit einer Kombination aus geistiger Selbstheilung und einem täglichen Bewegungsprogramm (zum Beispiel mit Yoga). Ein passives Schonverhalten, das nur auf Schmerzmittel oder einige Rezepte zur Physiotherapie setzt, reicht nicht aus!

Geistige Selbstheilung bedeutet also keineswegs, alle anderen Hilfen gering zu schätzen, nach dem Motto: Der Geist wird's schon richten! Sondern es ist entscheidend, auch den Körper so gut wie möglich zu unterstützen. Dazu kann auch die Therapie des Arztes gehören. Ein Antibiotikum - vernünftig eingesetzt - befreit den Körper von gefährlichen oder belastenden Erregern und schützt ihn vor den schädlichen Folgen einer Infektion.

Bei anderen Erkrankungen kann es fürsorglich gegenüber deinem Körper sein, ihn zunächst durch eine Operation zu entlasten, wie etwa bei einem bösartigen Tumor. Anschließend kannst du - begleitend zur ärztlichen Therapie - ihn durch das geistige Heilen wirkungsvoll dabei unterstützen, dass er sich schneller erholt oder die Krankheit nicht zurückkommt.

Auch bei chronischen Erkrankungen gehört es zur Achtsamkeit gegenüber dem eigenen Körper, die Therapien oder Medikamente nicht einfach auszusetzen. Sondern du kannst sehr gut auch parallel dazu mit dem geistigen Heilen beginnen. Wenn dann eine Besserung oder Symptomfreiheit eingetreten ist, ist es oft möglich - in Absprache mit dem Arzt - die Medikamente zu reduzieren oder sogar abzusetzen.

Häufige Stolpersteine - und wie du sie überwindest

Natürlich wäre es schön, wenn geistige Selbstheilung ein zügiger Durchmarsch wäre. Manchmal ist sie das auch. Oft aber warten am Beginn des Weges ein paar Stolpersteine. Von ihnen musst du dich nicht allzu sehr beeindrucken lassen - was natürlich leichter gelingt, wenn du sie schon vorher kennst. Deshalb will ich sie dir hier vorstellen.

Das häufigste Hindernis, dem wir begegnen, ist die Entmutigung. Sie droht oft von Ärzten, Freunden, Verwandten oder dem eigenen Partner. Denn viele Menschen reagieren reflexhaft ablehnend oder sogar abfällig auf die Mitteilung, dass man auf geistigem Wege gesund werden möchte („Ach, das ist doch alles Humbug!"). Sie wissen nichts über das geistige Heilen und halten es für irgendetwas „Esoterisches". Es ist sehr wichtig, dich vor solchen negativen Reaktionen zu schützen! Dies gelingt am einfachsten, indem du nicht zu offenherzig von deinem Vorhaben erzählst. Denn abfällige Bemerkungen oder Prognosen, wie „Das funktioniert eh nicht!", sind schädlich! Vor allem wenn ein Arzt sie äußert, der sich bisher kaum über die Aktivierung der Selbstheilungskräfte informiert hat. Diese Verunsicherung aber kannst du absolut nicht gebrauchen!

Ich selbst habe deshalb nur ein, zwei Freundinnen von meinem Weg der Selbstheilung erzählt. Mit Anderen habe ich – wenn überhaupt - erst hinterher darüber gesprochen, als ich gesund war. Auch als ich einmal einen OP-Termin verschoben hatte, habe ich dies gegenüber dem Arzt nicht genau begründet. Sondern nur gesagt, dass ich meinem Körper noch etwas Zeit geben wolle, die Entzündung selbst in den Griff zu bekommen.

Falls du über das geistige Heilen sprichst, solltest du dich von Freunden oder Familienmitgliedern keinesfalls in eine Diskussion verwickeln lassen, das ist ganz überflüssig. Denn dass Selbstheilung wirkt, ist eine von vielen Menschen erfahrene und oft belegte Tatsache. Es ist nichts, über das man noch theoretisch spekulieren müsste. Wenn andere Menschen dich mit ihrer Skepsis ins Argumentieren bringen wollen, tun sie das nicht, weil sie dich unterstützen möchten. Sondern weil sie unbewusst lieber in ihrer eigenen Komfortzone, in ihren Überzeugungen verharren wollen. Das geistige Heilen abzutun, ist weitaus bequemer als sich für diesen ungewohnten Weg zu interessieren. Denn dies würde bedeuten, dass man sich vielleicht auch selbst darauf einlassen müsste, um zum Beispiel eine eigene Erkrankung loszuwerden. Viele Menschen haben aber große Angst vor Neuem. Vor allem aber scheuen sie vor den eigenen Tiefen zurück, die ihnen nicht ganz geheuer sind. Sie bevorzugen daher äußere Maßnahmen der Heilung und lassen sich lieber nicht auf einen inneren Zugang ein.

Wer diesen Zugang aber meidet und an die eigenen Kräfte nicht glauben kann, will naturgemäß auch nicht vorgeführt bekommen, dass dieses Wagnis sich für Andere lohnt. Außenstehende versuchen deshalb oft – unbewusst und ohne böse Absicht - uns von diesem Weg abzubringen. Sie meinen mit dieser Abwehr nicht uns, sondern drücken damit oft ihre eigene Angst, ihr verlorenes Vertrauen in den Körper und in die eigene Tiefendimension aus.

Wenn du aber einen Menschen hast, von dem du glaubst, dass er dich ermutigen wird, kannst du ihm natürlich von deinem Vorhaben erzählen! Im Idealfall kann ein geliebter Mensch sogar bei der Licht-Übung oder auch beim Händeauflegen helfen.[16] Befürchtest du jedoch eher kritische Bemerkungen, solltest du deinen neuen Weg mindestens bis zur ersten Besserung für dich behalten. Dies kann sogar gegenüber dem eigenen Partner gelten.

Ein weiteres Anfangshindernis, das uns begegnen kann, liegt dagegen bei uns selbst: Unser eigener Verstand meldet vielleicht Bedenken an oder zweifelt daran an, dass Selbstheilung wirklich so große Kraft besitzen soll. Solche inneren Unkenrufe sind normal, aber du darfst deinen Kopf hier in seine Schranken weisen: Der Verstand ist klug, aber er besitzt keine Weisheit. Er ist ein wichtiges Instrument im Alltag, aber er kann tiefergehende Lebensaufgaben nicht lösen. Er weiß viel, aber er weiß nur wenig über die wesentlichen Dinge. Du fertigst ver-

---

[16] In der Dokumentation des Senders ORF/3Sat „Heilen jenseits der Schulmedizin" (https://www.youtube.com/watch?v=wgn3Vs8lUw4) wird diese Unterstützung durch den Partner und ihre positive Wirkung beschrieben und belegt.

mutlich ja auch keine Excel-Datei mit einer Pro- und Contra-Spalte an, bevor du dich in jemanden verliebst – sondern du tust dies einfach intuitiv! Unser Verstand ist ein gutes Werkzeug, aber auch nicht mehr. Du darfst seine Bedenken höflich zur Kenntnis nehmen, um dann ungerührt mit deinem Selbstheilungsweg loszulegen!

Es gibt noch einen letzten Stolperstein auf dem Weg der Selbstheilung: die Stagnation. Wenn es also zunächst keine Besserung zu geben scheint, obwohl wir schon alles Erdenkliche dafür tun. Anfänglicher Stillstand ist frustrierend, aber ein häufiges Phänomen. Auch ich habe ihn erlebt. Zwar kann Heilung manchmal sehr schnell gehen, vor allem bei kleineren oder akuten Zipperlein. So kannst du einen leichten Hexenschuss oft in nur zwei, drei Tagen, Magenschmerzen sogar manchmal innerhalb von 20 Minuten auflösen. Doch bei chronischen oder gravierenden Erkrankungen dauert die Heilung meist länger. Manchmal scheint sich hier zunächst gar nichts zu tun, was natürlich sehr entmutigen kann.

Bei meinem chronischen Entzündungsherd (von dem ich an anderer Stelle berichtet habe), rührte sich auch nach Beginn meines intensiven Selbstheilungs-Programms über viele Wochen hinweg überhaupt nichts. Bei einer erneuten Untersuchung war er im Ultraschall nach wie vor unverändert zu sehen. Das war wie ein Stoß in die Magengrube, ich war absolut niedergeschlagen. Ich setzte die Übungen komplett aus, meine Motivation war einfach weg. In dieser schwarzen Stimmung wollte ich die Selbstheilung fast aufgeben.

Eine Freundin half mir, mich wieder zu berappeln. Sie sagte unverblümt: „Geistiges Heilen ist doch kein Automat, bei dem man oben eine Münze hineinwirft, und unten kommt Gesundheit raus!“ Dieser Satz war wie ein Weckruf, sie hatte natürlich Recht. Ich fing mich etwas und krabbelte widerwillig aus meinem Tief empor. Einige Tage später schaffte ich es dann, mit meinem Programm weiterzumachen. Und beim nächsten Ultraschall war der Herd komplett verschwunden!

Anfänglicher Stillstand betrifft nicht jeden, vielleicht hast du das Glück, schnell erste Erfolge zu erleben. Wenn er aber doch eintritt, ist die beste Reaktion Gelassenheit! Denn diese Anfangshürde ist normal. Nutze die Gelegenheit, ein wenig Vertrauen einzuüben: Wir können lediglich alles tun, was in unserer Macht steht, um gesund zu werden – den Rest müssen wir dem Leben oder auch einer höheren Instanz überlassen, egal wie wir sie nennen. Du hast daher auch nichts falsch gemacht, wenn die Besserung nicht so rasch eintritt, wie erhofft. Umsonst ist der Weg der geistigen Selbstheilung niemals, er hat immer eine positive Wirkung! Manchmal heilen zuerst die Emotionen, bevor auch der Körper eine Besserung erfahren kann. Setze dein Programm also unerschrocken fort, es gibt nichts Besseres, was du in diesem Augenblick für dich tun kannst!

Einige Menschen erleben übrigens etwas, das ihnen über solche Hürden hinweghilft: Schon vor der körperlichen Besserung blitzen bei ihnen unerwartete Momente von Freude oder Glück auf. Diese scheinen so gar nicht zur Krankheit und all den Zweifeln zu passen. Doch sie sind eine erste Wirkung der täglich praktizierten Übungen und der Veränderungen bei inneren Einstellungen. Ich habe es selbst erlebt, und zwar zu meinem gelinden Erstaunen. Denn Glücksgefühle sind nicht unbedingt das, was man mitten in einer belastenden Krankheit erwarten würde.

Wenn du aber anfangs noch keine solche Erfahrungen machen solltest, ist das nicht schlimm! Sie werden dir früher oder später begegnen. Der Weg entwickelt auch ohne solche „Highlights“ bald eine Eigendynamik, er ist dann keine Mühe mehr, sondern tut einfach gut. Vielleicht ahnst du hier und da sogar schon, wo die Krankheit - bei aller Last - auch etwas Sinnhaftes hat: Leid ist meist die einzige Möglichkeit des Lebens, uns dazu anzustoßen, dass wir uns weiterentwickeln oder ungute Situationen zum Besseren verändern. Denn läuft alles gut, neigen wir zur Bequemlichkeit und verlassen unsere Komfortzone nur ungern. Krankheit regt uns dagegen sehr nachdrücklich dazu an herauszufinden, was uns wirklich trägt - jenseits von Konsum, von Leistung, unserem Einkommen oder der Anerkennung Anderer.

Leid erlaubt es uns auch nicht, nur halbwach vor uns hin zu leben. Es fällt nicht herein auf kurzzeitige gute Gefühle, wie sie das Shoppen, das Fernsehen, eine Party oder seichte Gespräche bieten. Sondern die Krankheit will wissen, wie wir es mit dem Leben halten! Heilung wartet daher nie an der Oberfläche der Dinge. Sondern wir finden sie dort, wo wir im Kontakt mit unserer Tiefe sind: wo wir authentisch sind, wo unser Wissen darüber lebendig ist, wer wir wirklich sind, und was wir für unser Glück tatsächlich brauchen.

Im Laufe dieses Büchleins wurde immer wieder deutlich, dass Heilung auf geistigem Wege sehr viel mit inneren Bildern zu tun hat. Aber es profitiert durchaus auch von Worten und Gedanken, sofern sie sich nicht nur an den Verstand, sondern auch unmittelbar an die Seele richten. Ich möchte dir am Schluss einen Satz mit auf deinen Weg geben, den der Verstand nicht erfassen kann, weil er ihm unlogisch erscheinen muss. Er richtet sich direkt an dein Herz, das seine Bedeutung mühelos versteht. Versuche ihn also nicht zu analysieren oder als unrealistisch abzutun, sondern ihn einfach nur zu hören. Es beschreibt eine mystische Erfahrung, welche die mittelalterliche Mystikerin Juliana von Norwich in einer schweren Krankheit machte. Was sie erlebte und versuchte, in Worte zu fassen, war dies: „Alles wird gut sein, und alle werden gut sein, und aller Art Dinge wird gut sein.“[17]

---

[17] „All shall be well, and all shall be well, and all manner of things shall be well.“ Juliana of Norwich: The Showings of Divine Love, Wilder Publications 2011.

Teil IV Zusammenfassung

Dein persönliches Heilprogramm besteht aus zwei Säulen:

1. Neujustierung deines „inneren Kompasses“: Änderung von kräftezehrenden Einstellungen, Einüben gesünderer Reaktionen auf unliebsame Ereignisse, Entdecken neuer Kraftquellen.

2. Tägliche Anwendung der drei essenziellen Heilübungen.

Ein liebevolles Coaching des Körpers gehört zum geistigen Weg der Gesundung. Denn Selbstheilung bedeutet nicht: Der innere Heiler wird's schon richten. Sondern eine günstige Lebensweise und nötigenfalls auch ärztliche Maßnahmen gehören ebenso dazu.

Stolpersteine am Beginn des Weges, wie Entmutigung, anfangs ausbleibende Besserung oder auch Zweifel sind normal! Sie sagen nichts aus über den Erfolg deiner Selbstheilung. Der innere Weg ist niemals umsonst, sondern bewirkt immer eine Veränderung. Manchmal heilen zunächst die Emotionen, bevor sich dies auch körperlich manifestieren kann.

Anhang

Mehr zum Thema geistige Selbstheilung in meinem Blog www.geistige-selbstheilung.de.

Dokumentationen und Artikel

Zum geistigen Heilen bei Kindern: „Mamas heilende Hände", Artikel im Familienportal urbia (https://www.urbia.de/magazin/gesundheit/kinder/mamas-heilende-haende).

„Heilen jenseits der Schulmedizin" - Dokumentation des Senders 3Sat, in der u. a. Professoren für Chirurgie und Psychoneuroimmunologie die Wirkung der Selbstheilungskraft auch bei schweren Erkrankungen bestätigen. Mit vielen Fallbeispielen. (https://www.youtube.com/watch?v=wgn3Vs8lUw4).

In der Dokumentation „Selbstheilung – der Arzt in dir" des SWR wird die Wirksamkeit der Selbstheilung mit der Kraft des Geistes wissenschaftlich untersucht und erklärt. (https://www.youtube.com/watch?v=gftDzquTAQ4&list=FLguq5yxiVDfNjAC2y-dN2HQ&index=3).

„Der innere Arzt", eine Dokumentation des ORF, in der Ärzte und Wissenschaftler erläutern, wie und

warum innere Bilder und Haltungen messbar auf den Körper wirken.
(https://www.youtube.com/watch?v=CqNeQIW3pWI&index=19&list=FLguq5yxiVDfNjAC2y-dN2HQ).

Film-Doku „Das Geheimnis der Heilung“ zum bekannten Buch von Joachim Faulstich. Mit vielen Fallbeispielen und Erläuterungen von Medizinern zu unerwarteten Heilungen.
(https://www.youtube.com/watch?v=kyPpFyrgZAk).

„Das Geheimnis der Selbstheilung“, Artikel der Zeitschrift BRIGITTE zum Thema "Innerer Heiler", mit Patientenbeispielen und Erklärungen von Medizinern zur Wirksamkeit der Selbstheilung.
(http://www.selbstheilung.de/brigitte-selbstheilung.html).

TV-Dokumentation „Welt der Wunder“: Beispiele für ärztlich bestätigte Diagnosen und Spontanheilungen bei schweren Erkrankungen oder nach Unfällen.
(https://www.youtube.com/watch?v=iiTTRZ4iutM).

Buchtipps

Joachim Faulstich: Das Geheimnis der Heilung: Wie altes Wissen die Medizin verändert, Knaur 2012. (Integration des überlieferten Wissens, wie Gefühle und Gedanken den Körper beeinflussen, in die moderne Schulmedizin).

Jon Kabat-Zinn: Gesund durch Meditation: Das große Buch der Selbstheilung, Knaur 2013. (Meditation gegen Schmerzen, Stress, Erkrankungen).

Clemens Kuby: Selbstheilung - gesund aus eigener Kraft, Gräfe und Unzer 2012. (Hier beschreibt der Journalist u. a. die Heilung seiner von Ärzten bestätigten Querschnittslähmung).

Thich Nhat Hanh: Die Heilkraft buddhistischer Psychologie, Goldmann 2013. (Anstöße zu heilsamen Veränderungen innerer Haltungen und Verhaltensmuster, praktische Meditations-Übungen).

Susun S. Weed: HeilWeise, Frauenoffensive 2000 (Wege zur intuitiven Aktivierung der Selbstheilungskraft, Kontrapunkt zum mechanistischen Körperbild der Schulmedizin).